Guía OCDE-FAO para las cadenas de suministro responsable en el sector agrícola

Tanto este documento, así como cualquier dato y cualquier mapa que se incluya en él, se entenderán sin perjuicio respecto al estatus o la soberanía de cualquier territorio, a la delimitación de fronteras y límites internacionales, ni al nombre de cualquier territorio, ciudad o área.

Por favor, cite esta publicación de la siguiente manera:
OCDE/FAO (2017), *Guía OCDE-FAO para las cadenas de suministro responsable en el sector agrícola*, Éditions OCDE, París.
http://dx.doi.org/10.1787/9789264261358-es

ISBN 978-92-64-26134-1 (impresa)
ISBN 978-92-64-26135-8 (PDF)

Los datos estadísticos para Israel son suministrados por y bajo la responsabilidad de las autoridades israelíes competentes. El uso de estos datos por la OCDE es sin perjuicio del estatuto de los Altos del Golán, Jerusalén Este y los asentamientos israelíes en Cisjordania bajo los términos del derecho internacional.

Fotografías: © pink_cotton_candy/iStock/Thinkstock.com

Las erratas de las publicaciones de la OCDE se encuentran en línea en: *www.oecd.org/about/publishing/corrigenda.htm*.

Prólogo

La Guía OCDE-FAO para la Cadena de Suministro Responsable para el Sector Agrícola (en adelante "la Guía") fue desarrollada para ayudar a las empresas a cumplir estándares de conducta empresarial responsable a lo largo de las cadenas de suministro agrícola. Estos estándares incluyen las Líneas Directrices de la OCDE para Empresas Multinacionales, los Principios para la Inversión Responsable en la Agricultura y los Sistemas Alimentarios y las Directrices Voluntarias sobre la Gobernanza Responsable de la Tenencia de la Tierra, la Pesca y los Bosques en el Contexto de la Seguridad Alimentaria Nacional. Cumplir estos estándares facilita a las empresas a mitigar sus impactos negativos y a contribuir hacia un desarrollo sostenible.

La Guía está dirigida a todas las empresas que operan a lo largo de las cadenas de suministro, incluyendo nacionales y extranjeras, privadas y públicas, pequeñas, medianas y de gran escala. Abarca sectores anteriores y posteriores del suministro de insumos agrícolas, producción, manipulación pos-cosecha, procesamiento, transporte, mercadotecnia, distribución y venta al por menor. Cubre las siguientes áreas de riesgos generados a lo largo de cadenas de suministro agrícola: derechos humanos, derechos laborales, salud y seguridad, seguridad alimentaria y nutrición, derechos de tenencia y acceso a recursos naturales, bienestar animal, protección ambiental y uso sostenible de los recursos naturales, gobernanza, tecnología e innovación.

La Guía se encuentra dividida en cuatro secciones:

- Un modelo de política empresarial que describe los estándares que las empresas deberían considerar para construir cadenas responsables de suministro para el sector agrícola (Sección 1);

- Un marco de trabajo para la debida diligencia basada en riesgos, que describe los cinco pasos que las empresas deberían seguir para identificar, evaluar, mitigar, prevenir y rendir cuentas sobre la forma en que enfrentan los impactos negativos de sus actividades (Sección 2);

- Una descripción de los principales riesgos que enfrentan las empresas, y las medidas para la mitigación de estos riesgos (Anexo A);

- Un marco de trabajo para el relacionamiento con las comunidades y los pueblos originarios. (Anexo B).

La Guía fue desarrollada por la OCDE y la Organización de las Naciones Unidas para la Agricultura y la Alimentación (FAO) a través de un proceso de dos años que involucró a diversas partes interesadas. Fue aprobada por el Comité de Inversiones de la OCDE, el Comité de Agricultura de la OCDE y el gabinete del Director General de la FAO. El Consejo de la OCDE adoptó una Recomendación de la OCDE relativa a la Guía el 13 de julio de 2016. Bien que la Recomendación no es jurídicamente vinculante, refleja una posición común y un compromiso político de parte de los miembros de la OCDE y países no miembros adherentes.

La OCDE también ha desarrollado guías para establecer cadenas responsables en otros sectores, específicamente en industrias extractivas, particularmente de minerales en las áreas de conflicto o de alto riesgo, la industria del vestido y el calzado, y el sector financiero.

Índice de contenido

Siga las publicaciones de la OCDE en:

 *http://twitter.com/OECD_Pubs*

 *http://www.facebook.com/OECDPublications*

 *http://www.linkedin.com/groups/OECD-Publications-4645871*

 *http://www.youtube.com/oecdilibrary*

http://www.oecd.org/oecddirect/

Siga a la FAO en:

 Organización de las Naciones Unidas
para la Alimentación y la Agricultura

 *twitter.com/FAOstatistics*
twitter.com/FAOKnowledge
twitter.com/FAOnews

 *www.facebook.com/UNFAO*

 *www.linkedin.com/company/fao*

 *plus.google.com/+UNFAO*

 *www.instagram.com/unfao*

 *www.youtube.com/user/FAOoftheUN*

Abreviaturas

BM	Banco Mundial
CAO	Ombudsman y Asesor en Materia de Observancia para la Corporación Financiera Internacional (CFI) y el OMGI
CDB	Convención sobre Diversidad Biológica
CETFDM	Convención sobre la Eliminación de Todas las Formas de Discriminación contra la Mujer
CFI	Corporación Financiera Internacional
CLPI	Consentimiento Libre, Previo e Informado
CNUCYD	Conferencia de las Naciones Unidas sobre Comercio y Desarrollo
CSA	Comité de Seguridad Alimentaria Mundial
IRA-CSA	Principios para la Inversión Responsable en la Agricultura y los Sistemas Alimentarios del Comité de Seguridad Alimentaria Mundial
EIA	Evaluación de Impacto Ambiental
EIASDH	Evaluación del Impacto Ambiental, Social y de Derechos Humanos
EMN	Empresa Multinacional
EEUU	Estados Unidos de América
FAO	Organización de las Naciones Unidas para la Agricultura y la Alimentación
FIDA	Fondo Internacional de Desarrollo Agrícola
IED	Inversión Extranjera Directa
IFPRI	Instituto Internacional de Investigación sobre Políticas Alimentarias
OCDE	Organización para la Cooperación y el Desarrollo Económicos
OIE	Organización Mundial de Sanidad Animal
OIT	Organización Internacional del Trabajo
OMGI	Organismo Multilateral de Garantías de Inversiones
OMS	Organización Mundial de la Salud
ONG	Organización No Gubernamental
ONU	Organización de las Naciones Unidas
PIDCP	Pacto Internacional de Derechos Civiles y Políticos
PIDESC	Pacto Internacional de Derechos Económicos, Sociales y Culturales
PIAR	Principios para la Inversión Agrícola Responsable que respeten los derechos, sustento y recursos desarrollados por la FAO, el Fondo Internacional de Desarrollo Agrícola (FIDA), la Conferencia de las Naciones Unidas sobre Comercio y Desarrollo (CNUCYD) y el Banco Mundial

PNC	Punto Nacional de Contacto
RSE	Responsabilidad Social Empresarial
TIRFAA	Tratado Internacional sobre Recursos Fitogenéticos para la Alimentación y la Agricultura
VGGT	Directrices Voluntarias sobre la Gobernanza Responsable de la Tenencia de la Tierra, la Pesca y los Bosques en el Contexto de la Seguridad Alimentaria Nacional
UE	Unión Europea
USD	Dólar Estadounidense

Prefacio

La Guía OCDE-FAO para las Cadenas de Suministro Responsables en el Sector Agrícola responde a una necesidad fundamental de contar con directrices prácticas en cuanto a la conducta empresarial responsable que operan en el sector agrícola. Las inversiones en agricultura se han incrementado en los últimos años y se espera que continúen aumentando a medida que el sector se expande para satisfacer la creciente demanda. A la par que las inversiones en el sector han aumentado, también lo ha hecho la conciencia de que aquellas deben ser responsables. Los estándares de conducta empresarial responsable a lo largo de las cadenas de suministro agrícola son esenciales para asegurar que los beneficios sean generalizados y que la agricultura siga cumpliendo sus diversas funciones, incluyendo la seguridad alimentaria, la reducción de la pobreza y el crecimiento económico.

La Guía OCDE-FAO fue desarrollada durante el período comprendido entre el mes de octubre del año 2013 y septiembre del 2015 bajo la dirección de un Grupo Asesor de múltiples actores, entre los que se encuentran representantes de países miembros de la OCDE, países que no forman parte de la misma, el sector privado y la sociedad civil. El Grupo Asesor estuvo encabezado por David Hedgwood, Jefe de Compromiso y Estrategia Global en la Oficina de Seguridad Alimentaria de la Agencia de los Estados Unidos para el Desarrollo Internacional. Los tres Vicepresidentes representaron a los diversos grupos de actores interesados: Mella Frewen, Director General de FoodDrink Europe; Bernd Schanzenbaecher, Fundador y Socio Director de EBG Capital; y Kris Genovese, Investigador Senior en el Centro para la Investigación sobre Corporaciones Multinacionales (SOMO) y Co-Coordinador de OCDE Watch.

Durante el desarrollo de su trabajo, el Grupo Asesor sostuvo tres reuniones presenciales y tres consultas vía conferencia telefónica. Su primera reunión se llevó a cabo el 16 de octubre de 2013 y las reuniones siguientes tuvieron lugar el 26 de junio de 2014 y el 16 de marzo de 2015. Asimismo, el 18 de junio de 2015 se realizó una reunión conjunta con el Grupo Asesor sobre Participación Significativa de las Partes Interesadas en el Sector Extractivo para discutir el tema del consentimiento libre, previo e informado. De igual forma, se programaron conferencias telefónicas para los días 10 de febrero de 2014, 28 de mayo de 2014 y 7 de enero de 2015. Se realizó una consulta pública en línea en los meses de enero y febrero de 2015 para recibir comentarios de una mayor cantidad de actores interesados sobre el borrador de la Guía.

La Guía OCDE-FAO también se benefició con las conclusiones del Foro Global sobre Conducta Empresarial Responsable que se llevó a cabo en 2014 y 2015. El 27 de junio de 2014, la sesión especial sobre cadenas de suministro agrícola responsables identificó los principales riesgos que enfrentan las empresas al invertir en las cadenas de suministro agrícola y discutió las medidas que los gobiernos y empresas pueden tomar para mitigar tales riesgos y asegurar que la inversión en agricultura beneficie a los países de origen y países receptores, así como a los inversionistas. El 19 de junio de 2015, la discusión del panel exploró el rol y las responsabilidades de varios tipos de empresas que operan a lo largo de las cadenas de suministro agrícola y las formas en que pueden colaborar para llevar a cabo la debida diligencia.

La diversidad de perspectivas representadas dentro del Grupo Asesor contribuyó al desarrollo de un documento guía que enfatice el respeto a los derechos de todos los actores involucrados que pueden verse afectados por las operaciones a lo largo de las cadenas de suministro agrícola, define los roles y responsabilidades de las empresas que operan en dichas cadenas, y propone enfoques prácticos para mitigar los riesgos que enfrentan las empresas. Confiamos en que esta Guía OCDE-FAO será una herramienta útil para guiar a las empresas a la hora de aplicar una debida diligencia. Asimismo, se espera que esta Guía pueda proveer la puesta en práctica de los estándares vigentes que fueron considerados en su desarrollo.

David Hegwood

Presidente del Grupo Asesor de múltiples actores

Jefe de Compromiso y Estrategia Global en la Oficina de Seguridad Alimentaria, USAID

Recomendación del Consejo sobre la Guía OCDE-FAO para la cadena de suministro responsable para el sector agrícola

el 13 de Julio de 2016

EL CONSEJO,

GCONSIDERANDO el Artículo 5(b) de la Convención de la Organización para la Cooperación y el Desarrollo Económicos (OCDE) del 14 de diciembre de 1960;

CONSIDERANDO la Declaración sobre Inversión Internacional y Empresas Multinacionales [C(76)99/FINAL], la Decisión del Consejo sobre las Líneas Directrices para las Empresas Multinacionales [C(2000)96/FINAL modificado por C/MIN(2011)11/FINAL] (en adelante la 'Decisión sobre las Líneas Directrices'), la Convención para Combatir el Cohecho de Servidores Públicos Extranjeros en Transacciones Comerciales Internacionales, la Recomendación del Consejo sobre la Guía de Debida Diligencia para Cadenas de Suministro Responsables de Minerales en las Áreas de Conflicto o de Alto Riesgo [C/MIN(2011)12/FINAL modificado por C(2012)93], y la Recomendación del Consejo sobre el Marco de Acción para la Inversión [C(2015)56/REV1];

RECORDANDO que el objetivo común de los gobiernos al recomendar el cumplimiento de las Líneas Directrices para las Empresas Multinacionales (en adelante las 'Líneas Directrices') es promover la conducta empresarial responsable;

RECORDANDO que la Decisión sobre las Líneas Directrices estipula que el Comité de Inversión podrá, en cooperación con los Puntos Nacionales de Contacto, perseguir una agenda proactiva en colaboración con los actores para promover la observancia efectiva por las empresas de los principios y estándares contenidos en las Líneas Directrices con respeto a productos, regiones, sectores e industrias particulares;

CONSIDERANDO los esfuerzos de la comunidad internacional, en particular del Comité de Seguridad Alimentaria Mundial y la Organización de las Naciones Unidas para la Agricultura y la Alimentación (FAO), para promover la inversión responsable en la agricultura y los sistemas alimentarios y la gobernanza responsable de la tenencia de la tierra, la pesca y los bosques;

RECONOCIENDO que establecer cadenas de suministro responsable en el sector agrícola es fundamental para un desarrollo sostenible;

RECONOCIENDO que gobiernos, empresas y organizaciones de la sociedad civil pueden recurrir a sus habilidades y papeles respectivos para establecer cadenas de suministro responsable en el sector agrícola que beneficien a la sociedad en general;

ANOTANDO que la debida diligencia es un proceso continuo, proactivo y reactivo a través del cual las empresas pueden garantizar que respetan estándares respaldados por gobiernos para cadenas de suministro responsable en el sector agrícola con respeto a derechos humanos, derechos laborales, salud y seguridad, seguridad alimentaria y nutrición, derechos de tenencia, bienestar animal, protección ambiental y uso sostenible de los recursos naturales, gobernanza, tecnología e innovación;

CONSIDERANDO la Guía OCDE-FAO para la Cadena de Suministro Responsable para el Sector Agrícola [C(2016)83/ADD1] (en adelante 'la Guía') que puede ser modificada como sea adecuado por el Comité de Inversión y el Comité de Agricultura en cooperación con la FAO;

ANOTANDO que esta Guía propone un modelo de política empresarial que describe el contenido de los estándares existentes para la cadena de suministro responsable en el sector agrícola y un marco de trabajo en cinco pasos para la debida diligencia que describe los pasos que las empresas deben implementar para identificar, evaluar, mitigar, prevenir y rendir cuentas sobre la forma en que enfrentan los impactos adversos presentes y potenciales de sus actividades o de sus relaciones de negocios;

Sobre la propuesta del Comité de Inversión y del Comité de Agricultura:

I. **RECOMIENDA** que los miembros y no-miembros adherentes a esta Recomendación (en adelante los 'Adherentes') y, cuando sea adecuado, sus Puntos Nacionales de Contacto (en adelante los 'PCN'), promuevan activamente el uso de la Guía por las empresas operando en o desde sus territorios con el objetivo de garantizar que observen los estándares internacionales de conducta empresarial responsable a lo largo de cadenas de suministro agrícola para prevenir los impactos adversos de sus actividades y contribuir a un desarrollo sostenible, en particular reducción de la pobreza, seguridad alimentaria e igualdad de género;

II. **RECOMIENDA**, en particular, que los Adherentes tomen medidas para apoyar activamente la adopción del modelo de política empresarial por las empresas que operan en o desde sus territorios y la integración en sus sistemas de gestión empresarial del marco de cinco pasos para la debida diligencia basada en riesgos a lo largo de cadenas de suministro agrícola presentado en la Guía;

III. **RECOMIENDA** que los Adherentes y cuando sea adecuado los PCN, con el apoyo del Secretario de la OCDE incluyendo a través de sus actividades con las Naciones Unidas y las organizaciones internacionales de desarrollo, garanticen la más amplia difusión de la Guía y su uso activo por parte de las demás partes interesadas, incluyendo las empresas en granja y en la parte final de la cadena de suministro, las comunidades afectadas y las organizaciones de la sociedad civil, y reporten regularmente al Comité de Inversión y al Comité de Agricultura sobre las actividades de difusión e implementación;

IV. **INVITA** a los Adherentes y el Secretario General a difundir esta Recomendación;

V. **INVITA** a los demás no-miembros a que tomen nota de la presente Recomendación y se adhieran a la misma;

VI. **ORDENA** al Comité de Inversión y al Comité de Agricultura que realicen el seguimiento a la implementación de la Recomendación y que informen al Consejo a más tardar cinco años después de su adopción y en adelante cuando sea adecuado.

1. Introducción

Antecedentes

El sector agrícola,[1] que agrupa a más de 570 millones de empresas de producción agrícola en el mundo, debe seguir atrayendo más inversiones, particularmente en el sur de Asia y el África Subsahariana en donde el capital agrícola por trabajador es relativamente bajo, con un valor de USD 1 700 y USD 2 200 respectivamente, comparado con los montos para América Latina y el Caribe de USD 16 500 y Europa y Asia Central de USD 19 000 (FAO, 2012 y 2014). En la siguiente década, se prevé que los precios de los productos agrícolas se mantengan en un nivel más alto que en los años anteriores a 2007 y 2008 cuando los precios aumentaron, debido a que la demanda de alimentos aumentará como consecuencia del crecimiento poblacional, mayores ingresos y cambios en los regímenes alimenticios. La demanda de productos agrícolas no alimenticios también se verá incrementada (OCDE/FAO, 2015).

Las empresas que operan a lo largo de las cadenas de suministro agrícola pueden hacer una aportación significativa al desarrollo sostenible por medio de la creación de empleos y el reconocimiento de la experiencia, tecnología y capacidades de financiamiento que puedan permitir la sostenibilidad de la producción agrícola y mejorar las cadenas de suministro. Esto puede mejorar la seguridad alimentaria y nutricional, así como ayudar a alcanzar las metas de desarrollo del país receptor. Los principios internacionalmente acordados de Responsabilidad Social Empresarial (RSE)[2] se enfocan en asegurar que las empresas contribuyan al desarrollo sostenible, y dichos principios ya son utilizados por numerosas empresas. Los riesgos de no cumplir con estos principios pueden agravarse debido a que existen nuevos actores, tales como los inversionistas gubernamentales, que participan en las cadenas de suministro agrícola, además de una cantidad creciente de inversionistas que están enfocándose en nuevos mercados, incluyendo países con débiles marcos de gobernanza.

Resulta esencial brindar directrices a las empresas involucradas en las cadenas agrícolas de suministro en cuanto a la forma de dar cumplimiento a los estándares de RSE[3] existentes para prevenir impactos adversos y asegurar que las inversiones agrícolas beneficien a las empresas,[4] los gobiernos y las comunidades, además de contribuir al desarrollo sostenible y en particular a la reducción de la pobreza, la seguridad alimentaria y a la igualdad de género. El rango de empresas en las que se enfoca la presente Guía para las Cadenas de Suministro Responsable en el sector agrícola, en adelante "la Guía", incluye empresas directamente involucradas en la producción agrícola, tales como productores a menor escala, así como otros actores involucrados a través de relaciones de negocios,[5] como los fondos de inversión, fondos soberanos o bancos.[6]

Objetivo

La Guía pretende ayudar a las empresas a cumplir los estándares existentes de RSE a lo largo de las cadenas de suministro en el sector agrícola, incluyendo las Líneas Directrices de la OCDE para Empresas Multinacionales (Directrices OCDE). Este instrumento se enfoca en prevenir los riesgos de impactos adversos en el medio ambiente, el ámbito social, laboral y de los derechos humanos, brindando un complemento potencialmente útil a la labor de los Puntos Nacionales de Contacto (PNC) quienes tienen la responsabilidad de impulsar la efectividad de las Directrices OCDE (ver Cuadro 1.1). Asimismo, puede ayudar a los gobiernos, particularmente a los PNC, en sus esfuerzos para promover las Directrices OCDE y aclarar los estándares existentes en el sector agrícola.

La Guía explica a las empresas los estándares existentes para ayudar a éstas a cumplir con ellos y llevar a cabo la debida diligencia basada en riesgos; sólo hace referencia a las secciones de las Directrices OCDE y otros estándares que sean más relevantes para las cadenas de suministro en el sector agrícola y no busca sustituirlas. Por tanto, las empresas deben consultar directamente cada uno de estos estándares antes de hacer alguna reclamación relativa a su cumplimiento. No todas las partes adherentes a la Declaración de Inversión[7] o los miembros de la FAO apoyan los estándares considerados en esta Guía.

Alcance

La Guía considera estándares existentes que son relevantes para la conducta empresarial responsable en las cadenas agrícolas de suministro, incluyendo:

- Las Líneas Directrices de la OCDE para Empresas Multinacionales (Directrices OCDE);
- Los Principios para la Inversión Responsable en la Agricultura y los Sistemas Alimentarios del Comité de Seguridad Alimentaria Mundial (Principios IRA-CSA);
- Las Directrices Voluntarias sobre la Gobernanza Responsable de la Tenencia de la Tierra, la Pesca y los Bosques en el Contexto de la Seguridad Alimentaria Nacional (VGGT);
- Los Principios para la Inversión Agrícola Responsable que respeten los derechos, sustento y recursos desarrollados por la FAO, el Fondo Internacional de Desarrollo Agrícola (FIDA), la Conferencia de las Naciones Unidas sobre Comercio y Desarrollo (CNUCYD) y el Banco Mundial (PIAR);
- Los Principios Rectores sobre las Empresas y los Derechos Humanos [Puesta en práctica del Marco de las Naciones Unidas para "Proteger, Respetar y Remediar"] (Principios Los Principios Rectores sobre Derechos Humanos y Empresas [Implementa el Marco de Naciones Unidas para "Proteger, Respetar y Remediar"] (Principios Rectores de Naciones Unidas);
- La Declaración Tripartita de la Organización Internacional del Trabajo de Principios sobre las Empresas Multinacionales y la Política Social (Declaración OIT sobre EMN);
- El Convenio sobre la Diversidad Biológica (CDB), incluyendo los Directrices Voluntarias Akwé: Kon;
- La Convención sobre el Acceso a la Información, la Participación del Público en la Toma de Decisiones y el Acceso a la Justicia en Asuntos Ambientales de la Comisión Económica para Europa de Naciones Unidas (Convención Aarhus).

Los anteriores estándares cumplen con los siguientes tres criterios establecidos por el Grupo Asesor:[8] han sido negociados y/o refrendados a través de un proceso inter-gubernamental; son relevantes para las cadenas de suministro agrícola y se enfocan en particular a la comunidad empresarial/inversionista. Los cuatro estándares clave considerados en esta Guía se describen con mayor detalle en el Cuadro 1.1 a continuación. La Guía considera también los siguientes estándares que no cumplen con estos criterios pero que se usan ampliamente al grado que son consistentes con los estándares enumerados con anterioridad:

- Los Estándares de Desempeño de la Corporación Financiera Internacional;
- Los Principios del Pacto Mundial de Naciones Unidas.

Existen instrumentos adicionales, tales como los tratados de derechos humanos de Naciones Unidas, a los que también se hace referencia cuando resultan relevantes para la implementación de los estándares anteriores. Además, puede ser útil para las empresas consultar otros estándares que no han sido considerados en esta Guía así como otras herramientas y directrices específicas: es posible encontrar una lista en línea.[9]

Cuadro 1.1. **Descripción de los estándares clave considerados en esta Guía**

Las Líneas Directrices de la OCDE para Empresas Multinacionales (Directrices OCDE): Las Directrices OCDE son uno de los cuatro instrumentos que conforman la Declaración de la OCDE sobre Inversión Internacional y Empresas Multinacionales de 1976, por medio de la cual los Adherentes se comprometen a generar un ambiente internacional abierto y transparente de inversiones así como promover la contribución positiva de las empresas multinacionales al progreso económico y social. Actualmente se cuenta con 46 países Adherentes a la Declaración – 34 economías miembro de la OCDE y 12 economías no miembro de la Organización.[1] Las Directrices OCDE han sido revisadas en diversas ocasiones, la más reciente en 2011. Constituyen el conjunto más completo de recomendaciones respaldadas por el gobierno sobre lo que implica la RSE. Abarcan nueve áreas principales de la RSE: divulgación de información, derechos humanos, empleo y relaciones laborales, medio ambiente, sobornos y corrupción, intereses de los consumidores, ciencia y tecnología, competencia y tributación. Los gobiernos las dirigen a las empresas multinacionales que operan dentro y fuera de los países Adherentes. Cada país Adherente debe establecer un PNC para promover la efectividad de las Directrices OCDE al realizar actividades de promoción, recibir y atender consultas así como contribuir a la resolución de los asuntos que surjan en relación con la implementación de las Directrices en instancias específicas. Las Directrices OCDE son el primer instrumento internacional en integrar la responsabilidad corporativa de respetar los derechos humanos como se establece en los Principios Rectores de Naciones Unidas, y en incorporar la debida diligencia basada en riesgos a las principales áreas de ética de negocios relacionadas con impactos adversos.[2]

Principios para la Inversión Responsable en la Agricultura y los Sistemas Alimentarios del Comité de Seguridad Alimentaria Mundial (Principios IRA-CSA): Los principios fueron desarrollados durante negociaciones intergubernamentales encabezadas por el CSA de 2012 a 2014, en las que participaron organizaciones de la sociedad civil, sector privado, academia, investigadores y organismos internacionales. Fueron adoptados por el CSA el 15 de octubre de 2014 en su 41ª sesión. Son voluntarios y no vinculantes, además de abordar todos los tipos de inversión en agricultura y sistemas alimentarios. Contienen diez principios clave relativos a: seguridad alimentaria y nutrición; desarrollo económico sostenible e inclusivo y erradicación de la pobreza; igualdad de género y empoderamiento de la mujer; juventud; tenencia de la tierra, pesca, bosques y acceso al agua; gestión sustentable de recursos naturales; patrimonio cultural conocimiento tradicional, diversidad e innovación; agricultura segura y saludable; estructuras y procesos de gobernanza y mecanismos de queja gubernamentales inclusivos y transparentes; impactos y rendición de cuentas. Una sección adicional describe los roles y responsabilidades de los actores involucrados.

Directrices Voluntarias sobre la Gobernanza Responsable de la Tenencia de la Tierra, la Pesca y los Bosques en el Contexto de la Seguridad Alimentaria Nacional (VGGT): Las VGGT son las primeras directrices a nivel global sobre la gobernanza de la tenencia de la tierra. Se desarrollaron por medio de negociaciones

---

Cuadro 1.1. **Descripción de los estándares clave considerados en esta Guía** (sigue)

intergubernamentales encabezadas por el CSA y en las que también participaron organizaciones de la sociedad civil, representantes del sector privado, académicos e investigadores, así como organismos internacionales. Fueron adoptadas por el CSA en su 38ª Sesión (Especial) el 11 de mayo de 2012. Las VGGT han sido reconocidas de forma global y su implementación ha sido impulsada por el G20 y la Declaración Río +20. El 21 de diciembre de 2012, la Asamblea General de Naciones Unidas dio la bienvenida a los resultados de la 38ª Sesión (Especial) del CSA donde se adoptaron las VGGT y animó a los países a prestar la debida consideración para su implementación, además de solicitar a las entidades aplicables de Naciones Unidas que aseguraran su pronta distribución y promoción.[3] Estas Directrices brindan un marco de referencia para mejorar la gobernanza sobre la tenencia de la tierra, la pesca y los bosques que apoya la seguridad alimentaria y contribuye a los esfuerzos a nivel mundial y nacional encaminados a la erradicación de la hambruna y la pobreza. Reconociendo el papel principal que juega la tierra en el desarrollo, promueven derechos de tenencia seguros así como un acceso equitativo a la tierra, la pesca y los bosques. Establecen principios y prácticas internacionalmente aceptadas que puedan guiar la preparación e implementación de políticas y leyes relativas a la gobernanza de la tenencia de la tierra. Estas Directrices se basan y apoyan a las Directrices Voluntarias en Apoyo de la Realización Progresiva del Derecho a una Alimentación Adecuada en el Contexto de la Seguridad Alimentaria Nacional, las cuales fueron aprobadas por el Consejo de la FAO en noviembre de 2004.

Principios para la Inversión Agrícola Responsable que respeten los derechos, sustento y recursos (PIAR): El Grupo de Trabajo Inter-Institucional (GTII) compuesto por FIDA, FAO, CNUCYD y el Banco Mundial llevó a cabo una mesa redonda durante la Asamblea General de las Naciones Unidas en septiembre de 2009 con el tema "Promover la Inversión Internacional Responsable en Agricultura" para presentar siete principios. Posteriormente publicó una sinopsis de dicha reunión en febrero de 2010. Los siete principios se enfocan en: derechos sobre la tierra y recursos; seguridad alimentaria; transparencia, buena gobernanza y ambiente propicio; consulta y participación; inversión responsable en la agro-industria; sustentabilidad social; y sustentabilidad ambiental.[4] En la Cumbre de Seúl celebrada en noviembre de 2010, el G20 animó a "todos los países y empresas a apoyar los Principios para la Inversión Responsable en Agricultura" como parte de su plan de acción multianual sobre desarrollo. El GTII envió un reporte sobre el PIAR y un Plan de Acción sobre las Opciones para Promover la Inversión Responsable en Agricultura al G20 en 2011 y al G8 en 2012.[5] El G20 estuvo de acuerdo con un enfoque paralelo como la forma de poder avanzar hacia la forma de dirigir el PIAR y utilizar las lecciones aprendidas para proporcionar información a diversos procesos de consulta. En octubre de 2012, el GTII envió un reporte de avances sobre su plan de acción con referencia especial a las pruebas de campo sobre el PIAR con países receptores y empresas.[6] Recientemente, el Informe de Rendición de Cuentas 2013 de San Petersburgo sobre los Compromisos de Desarrollo del G20 "dieron la bienvenida al avance sobre los proyectos pilotos que realizan pruebas de campo para los PIAR en algunos países africanos y del sureste asiático".

1. Hasta febrero de 2016, éstas eran Argentina, Brasil, Colombia, Costa Rica, Egipto, Jordania, Letonia, Lituania, Marruecos, Perú, Rumania y Túnez.
2. La debida diligencia se aplica a todos los capítulos de las Directrices, excepto en los temas de ciencia y tecnología, competencia e impuestos.
3. www.un.org/News/Press/docs//2012/ga11332.doc.htm.
4. El texto del PIAR puede descargarse en la página www.responsibleagroinvestment.org.
5. Grupo de Trabajo Interministerial sobre el Pilar de Seguridad Alimentaria del Plan de Acción Multianual G20 sobre Desarrollo, 'Options for Promoting Responsible Investment in Agriculture', Report to the High-Level Working Group [Opciones para Promover la Inversión Responsable en Agricultura", Informe para el Grupo de Trabajo de Alto Nivel], Septiembre de 2011.
6. Grupo de Trabajo Interministerial sobre los Principios para la Inversión Agrícola Responsable, Synthesis report on the field-testing of the Principles for Responsible Agricultural Investment [Informe sintetizado sobre las pruebas en campo de los Principios para Inversión Agrícola Responsable], Octubre 2012.

Usuarios previstos

Si bien se reconoce que los agricultores son los mayores inversionistas en la agricultura primaria, la Guía está dirigida a todas las empresas que operan a lo largo de la cadena de suministro agrícola, tal como se detalla en la Figura 1.1 a continuación, incluyendo empresas nacionales y extranjeras, privadas y públicas, pequeñas, medianas y de gran escala, consideradas en conjunto como "empresas" en la Guía.[10] También puede ser utilizada por los gobiernos, particularmente por los PNC, para comprender mejor y promover los estándares existentes en las cadenas de suministro agrícola. Además, puede ayudar a las comunidades afectadas a entender lo que deben esperar de los actores antes mencionados y por tanto asegurar que sus derechos sean respetados.

Proceso

La Guía fue desarrollada por la FAO y la OCDE a través de un proceso de consulta participativo, encabezado por un Grupo de Asesores que representaba a diversas partes interesadas, creado en octubre de 2013.[11] El Grupo Asesor integró diversos representantes de países miembro y no miembro de la OCDE, inversionistas gubernamentales, empresas agroalimentarias, organizaciones agrícolas y organizaciones de la sociedad civil y organizaciones internacionales. Sus tareas fueron las siguientes:

- Realizar aportes sustantivos para el desarrollo de la Guía;

- Apoyar en el proceso de consultas con otros actores interesados relevantes, brindando su experiencia y participando en procesos con diversos actores interesados, en particular durante las reuniones del Grupo de Trabajo de Composición Abierta del IRA-CSA;

- Realizar aportes sustantivos sobre las medidas de seguimiento para promover e implementar la Guía con efectividad.

Los Secretariados de la FAO y la OCDE coordinaron el proceso de consulta en cooperación con el Grupo Asesor y bajo la dirección de su Presidente y Vicepresidentes. El Grupo de Trabajo de la OCDE sobre Conducta Empresarial Responsable, un órgano subsidiario del Comité de Inversiones, así como el Grupo de Trabajo sobre Políticas y Mercados Agrícolas, un órgano subsidiario del Comité de Agricultura de la OCDE, fueron consultados de forma regular.

Conceptos clave

Cadena de suministro agrícola

La cadena de suministro agrícola se refiere al sistema que comprende todas las actividades, organizaciones, actores, tecnología, información, recursos y servicios involucrados en la generación de productos agroalimentarios para los mercados de consumo. Abarca actividades "aguas arriba" y "aguas abajo" del sector agrícola, desde el suministro de insumos agrícolas (tales como semillas, fertilizantes, piensos, medicinas o equipos), hasta la producción, manipulación post-cosecha, procesamiento, transporte, mercadotecnia, distribución y venta al por menor. También incluyen servicios de apoyo como los de extensión, investigación y desarrollo, e información del mercado. De ese modo, consisten en una gran variedad de empresas que van desde los pequeños agricultores, organizaciones agrícolas, cooperativas y empresas start-ups hasta empresas multinacionales pasando por empresas matrices o filiales , pequeñas empresas y fondos propiedad del Estado, actores financieros privados y fundaciones privadas.

La estructura de las cadenas de suministro y las empresas involucradas en cada etapa varía significativamente entre productos y geografías.[12] La identificación de las empresas que operan a lo largo de las cadenas de suministro debe, por tanto, realizarse caso por caso, con miras a comprender mejor las relaciones e información así como los flujos financieros entre estas empresas y el diseño de mejores auditorías. Para efectos de esta Guía, en la Figura 1.1 a continuación, se propone una estructura simplificada de cadena de suministro.

Figure 1.1. **Diversas etapas de las cadenas de suministro agrícola y empresas involucradas**

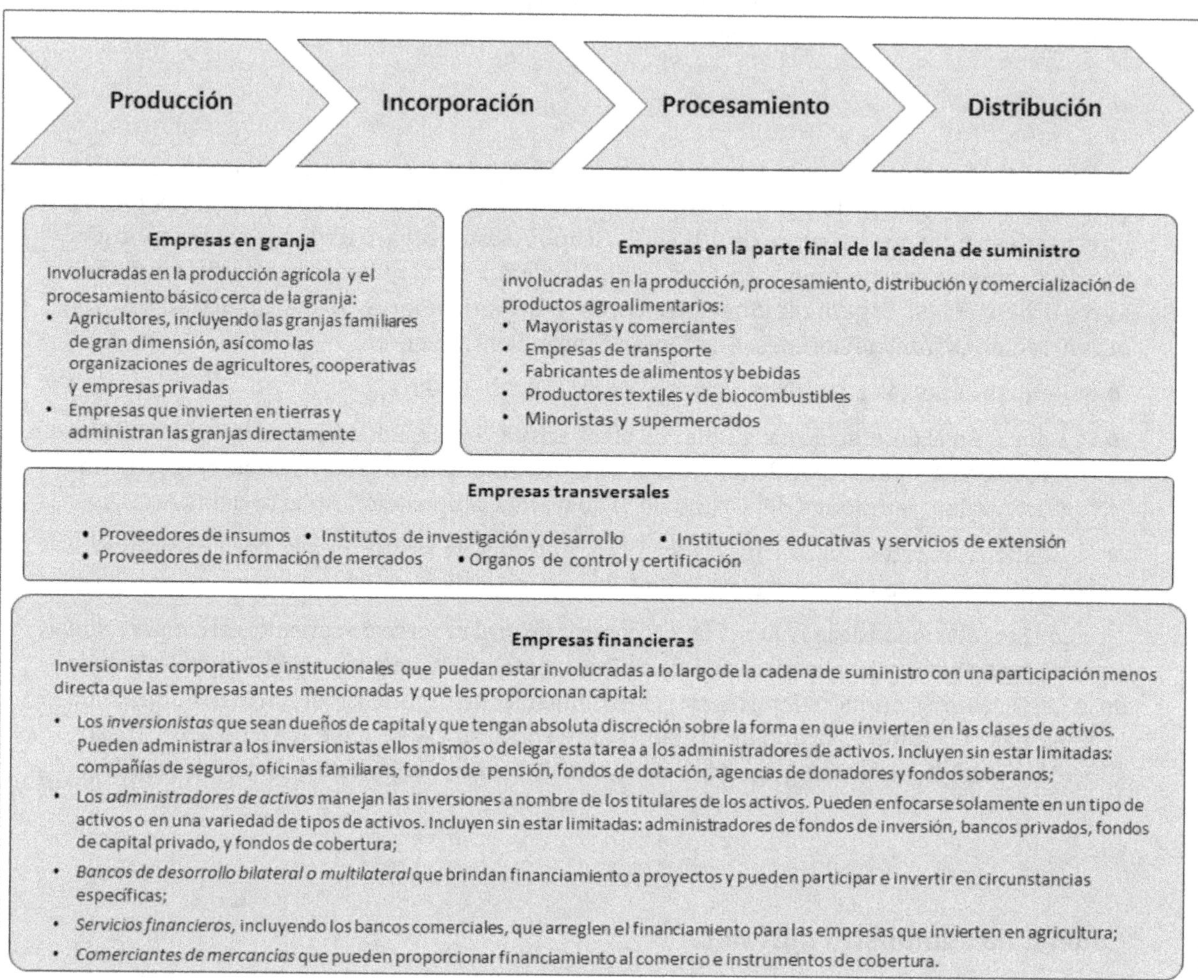

Nota: Este diagrama es sólo para referencia y no pretende ser exhaustivo.

Figure 1.2. **Riesgos en diversas etapas de la cadena de suministro agrícola**

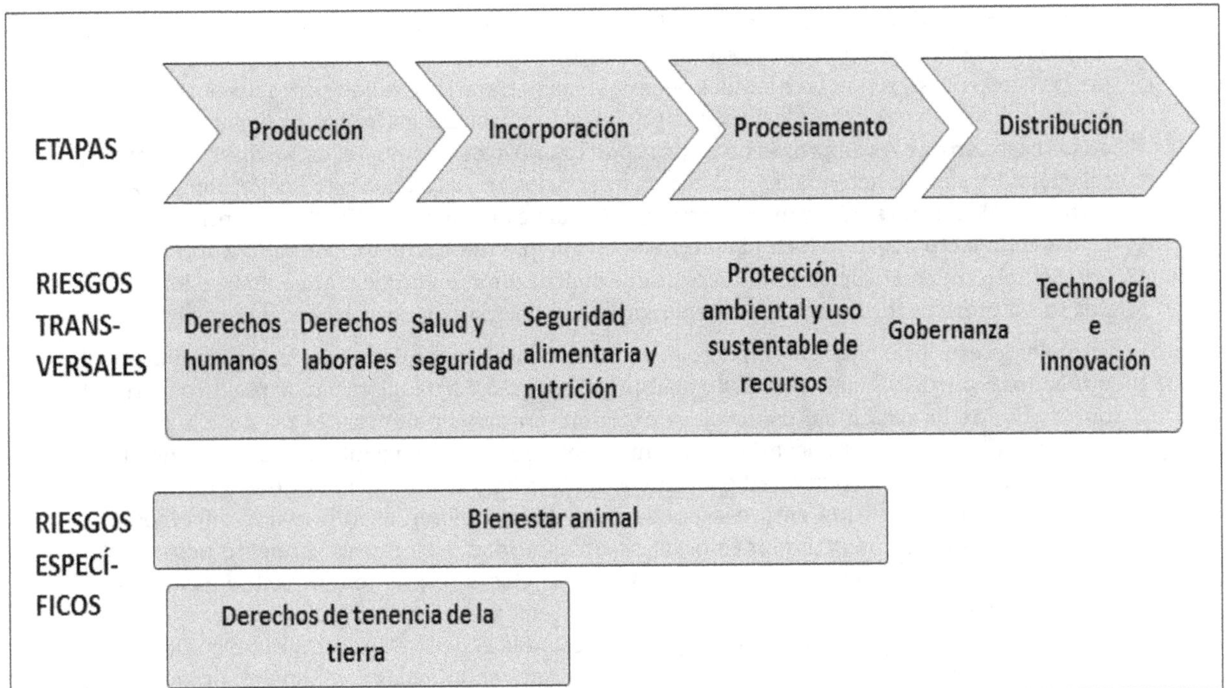

Las empresas se conectan a través de diversas relaciones y modalidades. Las empresas que operan "aguas abajo" pueden participar en varios tipos de relaciones con empresas de producción agrícola para asegurar el acceso a productos agrícolas. Pueden imponer estándares y especificaciones sobre los productores con muy poca participación más allá de un contrato de compraventa. Pero también pueden estar involucradas de forma más activa, particularmente a través de la agricultura por contrato con el propósito de coordinar la producción y asegurar la calidad y la seguridad.[13] Las empresas financieras pueden estar involucradas de forma más indirecta al proporcionar capital a empresas de producción agrícola y aquellas que operan "aguas abajo", a través de inversiones en nuevas instalaciones o industriales, proyectos conjuntos o fusiones y adquisiciones. Con frecuencia, estas categorías son difíciles de delimitar en la práctica. Por ejemplo, las cooperativas usualmente son dueñas o administran equipamiento agrícola, así como activos "aguas abajo" (por ejemplo, molinos azucareros) y por tanto podrían ser considerados no sólo como empresas de producción agrícola sino también como "aguas abajo".

Dependiendo de su situación a lo largo de la cadena de suministro, las empresas pueden enfocarse en riesgos específicos (Figura 1.2). Por ejemplo, las empresas de producción agrícola enfrentan mayores riesgos relacionados con los derechos de tenencia de la tierra. Por lo tanto, deberían enfocarse particularmente en realizar consultas de buena fe, efectivas y significativas con los titulares de derechos de tenencia de la tierra.

Cuadro 1.2. **Enfrentar impactos adversos**

De conformidad con las Directrices OCDE, las empresas deben "evitar que las actividades propias generen o contribuyan a generar impactos negativos en los campos contemplados por las Directrices y tomar las medidas necesarias para tratarlos cuando se produzcan dichos impactos". Asimismo, deben "esforzarse por impedir o atenuar los impactos negativos, aún en los casos en que las empresas no hayan contribuido a los mismos, si están directamente relacionados con sus actividades, productos o servicios en virtud de una relación comercial. Esto no ha de interpretarse como una transferencia de la responsabilidad de la entidad que causa el impacto negativo hacia la empresa con la que mantiene una relación comercial. Por ejemplo, una institución financiera puede contribuir a un impacto adverso ocasionado por su empresa participada en la que tenga una participación o control mayoritario.

Una empresa "ocasiona" un impacto adverso si existe causalidad entre las operaciones, productos o servicios de la empresa y el impacto adverso. La relación causal puede ocurrir por medio de la acción así como de la omisión, en otras palabras, la falta de acción. "Contribuir a" un impacto negativo debe interpretarse como una contribución sustancial, es decir, deberá ser una actividad que provoque, facilite o incite a otra entidad a provocar un impacto negativo. Una empresa puede contribuir también a un impacto adverso si la combinación de sus actividades o las de otra entidad generan un impacto adverso. "Directamente vinculado" es un concepto amplio y comprende los impactos adversos asociados a las relaciones comerciales. El término relación comercial incluye toda relación con socios comerciales, entidades que pertenezcan a la cadena de suministro o cualquier otra entidad pública o privada, directamente ligada a sus actividades comerciales, productos o servicios. Las entidades con las que una empresa tenga una relación de negocios se denominan "socios comerciales " a lo largo de la Guía.

Las Directrices OCDE subrayan que las empresas deberán "fomentar, en la medida de lo posible, que sus socios comerciales, incluidos sus proveedores y contratistas, apliquen principios de conducta empresarial responsable conformes con las Directrices OCDE"". Además, establecen que "la empresa, sola o en colaboración con otras entidades, según corresponda, debe utilizar su influencia[1] para intervenir ante la entidad responsable del impacto negativo con el propósito de prevenirlo o mitigarlo". Los factores que determinan la acción adecuada incluyen "el poder ejercido por la empresa sobre la entidad en cuestión, la importancia de esta relación para la empresa, la gravedad del impacto y si la ruptura de la relación podría tener un impacto negativo sobre los derechos humanos".

Por tanto, se espera que las empresas utilicen su influencia sobre las entidades directamente vinculadas con sus operaciones, productos o servicios para apoyar en la implementación de esta Guía. Por ejemplo, si sus socios de negocios reciben suministros o están vinculados a cualquier socio comercial que viole los derechos legítimos de tenencia de la tierra, deben trabajar con ellos en una acción correctiva y, en la medida de lo posible, terminar con esa relación comercial si no se aplica una acción reparadora.

1. Se considera que existe influencia cuando la empresa tiene la capacidad de modificar las prácticas negativas de la entidad responsable del daño (Comentario 19 del capítulo sobre Principios Generales).

Fuente: Directrices OCDE, II.A.11-13; II.A, párr. 14; y IV.43; OCDE (2014).

> Cuadro 1.3. **Marco de Trabajo de Cinco Pasos para la Debida Diligencia**
>
> - Paso 1: Establecer sólidos sistemas de administración para la debida diligencia de la cadena de suministro
> - Paso 2: Identificar, evaluar y priorizar los riesgos en la cadena de suministro
> - Paso 3: Diseñar e implementar una estrategia para responder a los riesgos identificados en la cadena de suministro
> - Paso 4: Verificar la debida diligencia de la cadena de suministro
> - Paso 5: Reportar sobre la debida diligencia de la cadena de suministro
>
> *Fuente:* OCDE, 2013.

Debida diligencia

La debida diligencia es el proceso por medio del cual las empresas pueden identificar, evaluar, mitigar, prevenir y rendir cuentas sobre la forma en que enfrentan los impactos adversos presentes y potenciales de sus actividades como parte integral de los sistemas de toma de decisiones y de manejo de riesgos.[14] Comprende los impactos adversos ocasionados por las empresas, o sobre los que las empresas contribuyen, así como los impactos directamente relacionados con las operaciones, productos o servicios de las empresas a través de sus relaciones de negocios (ver Cuadro 1.2 para más detalles).

La empresa evalúa los riesgos al identificar las circunstancias actuales de sus actividades y relaciones de negocios, y evalúa tales hechos a la luz de los derechos y deberes aplicables de conformidad con la legislación y estándares nacionales e internacionales, las recomendaciones de RSE de los organismos internacionales, herramientas respaldadas por los gobiernos, iniciativas voluntarias privadas y sus propias políticas y sistemas internos. La debida diligencia puede ayudar a las empresas y sus socios a asegurar el cumplimiento de la legislación nacional e internacional así como los estándares de RSE.

La naturaleza y alcance de la debida diligencia estará afectada por factores como el tamaño de la empresa, el contexto y la ubicación de sus operaciones, la naturaleza de sus productos y servicios, así como la gravedad de los impactos negativos actuales y potenciales.[15] Aunque las pequeñas y medianas empresas, particularmente los pequeños agricultores, podrían no tener la capacidad de llevar a cabo la debida diligencia conforme a las recomendaciones de esta Guía, se les anima a mantenerse involucrados en los esfuerzos de la debida diligencia de sus clientes con la finalidad de mejorar su capacidad y poder implementar la debida diligencia en el futuro.

Las Directrices OCDE recomiendan que se lleve a cabo una debida diligencia basada en riesgos, lo cual significa que la naturaleza y alcance de la debida diligencia debe corresponder al tipo y nivel de riesgo de los impactos negativos.[16] La gravedad de los impactos negativos actuales y potenciales debe determinar la escala y complejidad de la debida diligencia necesaria. Las áreas de mayor riesgo deben estar sujetas a una debida diligencia ampliada. Cuando las empresas tienen una gran cantidad de proveedores, se les insta a identificar las áreas generales en las que el riesgo de impactos adversos es más significativo y, basado en esta evaluación de riesgos, priorizar a los proveedores para la debida diligencia.[17] Un enfoque basado en riesgos no debe prohibir que las empresas se involucren en ciertos contextos, o con ciertos socios de negocios, sino que debe apoyarles para manejar los riesgos de impactos adversos de forma efectiva en contextos de alto riesgo.

Como se detalló en la Sección 3, los diversos componentes de la debida diligencia se pueden incorporar en el siguiente marco de trabajo de cinco pasos (Cuadro 1.3).

Debido a que una misma empresa puede cubrir varias etapas de la cadena de suministro, el asegurar una buena coordinación en todas las áreas de dicha empresa, puede ayudar a la hora de implementar la debida diligencia. Teniendo debidamente en cuenta los asuntos de competencia y privacidad de datos, las empresas pueden llevar a cabo la debida diligencia al colaborar dentro de la industria para asegurar que el proceso refuerza y reduce costos mutuamente a través de:

- Cooperación en toda la industria, por ejemplo a través de iniciativas creadas y gestionadas por una organización industrial para apoyar y promover la adherencia a los estándares internacionales;18

- Compartir costos dentro de la industria para tareas específicas de debida diligencia;

- Coordinación entre miembros de la industria que comparten los mismos proveedores;

- Cooperación entre diferentes segmentos de la cadena de suministro, tales como empresas que operan "aguas arriba" y "aguas abajo".

Las alianzas con organismos internacionales y organizaciones de la sociedad civil también pueden apoyar la debida diligencia. Los programas impulsados por la industria son más creíbles cuando involucran no sólo a los negocios sino también a las organizaciones de la sociedad civil, sindicatos y expertos en el tema, y permiten alcanzar consenso entre ellas. Sin embargo, las empresas siguen teniendo una responsabilidad individual por su debida diligencia.

Estructura

La estructura de la Guía se basa en la Guía de Debida Diligencia de la OCDE para Cadenas de Suministro Responsables de Minerales en las Áreas de Conflicto o de Alto Riesgo,[19] la cual aclara cómo las Directrices OCDE se aplican a un sector específico al proponer pasos para la debida diligencia y medidas de mitigación de riesgos. Después de esta introducción, la presente Guía incluye:

- Sección 1. Una política modelo de empresa que describe el contenido de los estándares existentes para la cadena responsable de suministro agrícola.

- Sección 2. Un marco de trabajo para aplicar la debida diligencia basada en riesgos a lo largo de la cadena de suministro agrícola.

- Anexo A. Una descripción de los riesgos y medidas para la mitigación de riesgos a lo largo de las cadenas de suministro agrícola, a partir de estándares existentes.

- Anexo B. Una directriz para involucrarse con los pueblos indígenas.

2. Modelo de política empresarial para las cadenas de suministro responsable en el sector agrícola

Este modelo de política empresarial incluye los estándares más importantes que las empresas deben cumplir para construir una cadena de suministro responsable en el sector agrícola, lo anterior, a través de una síntesis del contenido de estándares internacionales relevantes para las cadenas de suministro responsable en el sector agrícola.[20] Algunos de estos estándares, por ejemplo sobre derechos humanos y laborales, y seguridad alimentaria, ya han sido incorporados a la legislación de muchos países.

Esta política empresarial modelo puede ser adoptada por las empresas tal como se presenta, o bien, algunas partes pueden ser incorporadas en políticas existentes, o bien ajustar sus políticas existentes sobre responsabilidad social empresarial, sostenibilidad, gestión de riesgos, u otras alternativas equivalentes. Al diseñar su política, las empresas deben también asegurar que cumplen con todas las leyes nacionales aplicables y considerar cualquier otro estándar internacional relevante. Adoptar una política para una cadena responsable de suministro agrícola es el primer paso del marco de trabajo de debida diligencia basada en riesgos descritos en la Sección 3 que describe cómo se puede implementar una política como ésta.

Reconociendo los riesgos de impactos adversos significativos que surgen a lo largo de las cadenas de suministro agrícola y reconociendo nuestra responsabilidad por respetar los derechos humanos y nuestra capacidad para contribuir al desarrollo sostenible, y en particular a la reducción de la pobreza, a la seguridad alimentaria y la nutrición, así como a la igualdad de género, nos comprometemos a adoptar, implementar, divulgar ampliamente e incorporar en los contratos y acuerdos con los socios de negocio la siguiente política para las cadenas de suministro responsable en el sector agrícola. Animaremos, cuando sea posible, a nuestros socios de negocios a que apliquen esta política y, si ellos ocasionan o contribuyen a los impactos adversos, utilizaremos nuestra capacidad de influir para prevenir o mitigar estos impactos.

1. Estándares transversales de RSE

Análisis de impacto

Evaluaremos y consideraremos continuamente en la toma de decisiones los impactos presentes y potenciales de nuestras operaciones, procesos, bienes y servicios durante todo su ciclo de vida, con la intención de evitarlos o, cuando sean inevitables, de mitigarlos. Los análisis de impacto deben involucrar una cantidad representativa de todos los grupos relevantes de actores interesados.[21]

Divulgación

Divulgaremos información oportuna y puntual relativa a los factores de riesgo predecibles y nuestra respuesta a impactos particulares en las áreas ambiental, social y de derechos humanos a comunidades potencialmente afectadas, en todas las etapas del ciclo de inversión.[22] Asimismo, proporcionaremos información precisa, verificable y clara que sea suficiente para permitir que los consumidores tomen decisiones informadas.[23]

Consultas

Llevaremos a cabo consultas de buena fe, eficaces y significativas con las comunidades a través de sus instituciones representativas antes de iniciar cualquier operación que pueda afectarles, y continuaremos realizando consultas con dichas comunidades durante y hasta finalizar las operaciones. Tendremos en mente los distintos riesgos que pueden ser enfrentados por mujeres y hombres.[24]

Llevaremos a cabo consultas eficaces y significativas con los pueblos indígenas a través de sus instituciones representativas con el propósito de obtener su consentimiento libre, previo e informado[25] acorde con el cumplimiento de las finalidades que persigue la Declaración de Naciones Unidas sobre los Derechos de los Pueblos Indígenas y teniendo debidamente en cuenta las posiciones particulares y la comprensión de los estados individuales.[26]

Compartir beneficios

Garanticemos que nuestras operaciones contribuyan al desarrollo rural sostenible e inclusivo,[27] que incluya, en su caso, la promoción de la participación justa y equitativa de los beneficios monetarios y no monetarios con las comunidades afectadas en términos mutuamente acordados, en seguimiento de los tratados internacionales, donde resulten aplicables para las partes de dichos tratados, por ejemplo, al utilizar recursos genéticos para la alimentación y la agricultura.[28]

Mecanismos de reclamación

Proporcionaremos mecanismos de reclamación legítimos, accesibles, predecibles, equitativos y transparentes a nivel operativo para consulta con los usuarios potenciales. Asimismo, cooperaremos con otros mecanismos de reclamación no judiciales. Dichos mecanismos pueden permitir la reparación cuando nuestras operaciones han ocasionado o contribuido a los impactos adversos debido a la falta de aplicación y cumplimiento de los estándares de RSE.[29]

Género

Ayudaremos a eliminar la discriminación contra las mujeres, promoveremos su participación significativa en los roles de toma de decisiones y de liderazgo, aseguraremos su desarrollo y avance profesional, y facilitaremos un acceso y control equitativos a los sobre recursos naturales, insumos, herramientas productivas, asesoramiento y servicios financieros, capacitación, mercados e información.[30]

2. Derechos humanos

Dentro del marco de los derechos humanos reconocidos internacionalmente,[31] las obligaciones de derechos humanos de los países en los que operamos así como las leyes y reglamentos internos aplicables, nosotros:

- respetamos los derechos humanos,[32] lo que significa evitar violaciones a los derechos humanos y atender los impactos adversos que puedan desarrollarse;
- dentro del contexto de nuestras actividades, evitamos que se ocasione o contribuya a los impactos negativos de derechos humanos y atendemos dichos impactos cuando ocurran;[33]
- buscamos maneras para prevenir o mitigar los impactos adversos de derechos humanos que estén directamente relacionados con nuestras operaciones, productos o servicios por medio de una relación comercial, incluso si nosotros no contribuimos a dichos impactos;[34]
- llevamos a cabo la debida diligencia de derechos humanos conforme a la dimensión, naturaleza y contexto de nuestras operaciones y la gravedad de los riesgos de los impactos negativos para los derechos humanos;[35]
- proporcionamos o cooperamos a través de procesos legítimos en la reparación de los impactos adversos para los derechos humanos cuando identificamos que hemos ocasionado o contribuido a estos impactos;[36]
- dentro del contexto de nuestras actividades, aseguramos que los derechos humanos de todas las personas sean respetados, sin distinción de ningún tipo, tal como la raza, color, sexo, idioma, religión, opinión política o de otro tipo, nacionalidad u origen social, propiedad, nacimiento u otra condición.[37]

3. Derechos laborales

Respetaremos los normas fundamentales internacionales del trabajo en nuestras operaciones, específicamente la libertad de asociación y el derecho a los contratos colectivos, incluyendo para el caso de los trabajadores migratorios, la eliminación de todas las formas de trabajo forzado u obligatorio, la abolición eficaz del trabajo infantil y la eliminación de la discriminación en cuanto al empleo y la ocupación.[38]

En nuestras operaciones, nosotros también:

- aseguraremos la salud y seguridad ocupacional;
- aseguraremos salarios, prestaciones y condiciones laborales dignas, que sean por lo menos adecuadas para satisfacer las necesidades básicas de los trabajadores y sus familias, y nos esforzaremos por mejorar las condiciones laborales;[39]
- promoveremos la seguridad del empleo y cooperaremos en los esquemas gubernamentales para brindar alguna forma de protección del ingreso para los trabajadores cuyo empleo ha concluido;[40]
- buscaremos la prevención de abusos contra trabajadores migratorios;[41]
- adoptaremos enfoques, medidas y procesos para promover la participación significativa de las mujeres en la toma de decisiones y roles de liderazgo.[42]

Contribuiremos al ejercicio efectivo del derecho al trabajo,[43] a través de:

- esforzarnos por aumentar las oportunidades de empleo, tanto directo como indirecto;[44]

- asegurar que se proporcione capacitación para todos los niveles de la empresa, cubrir las necesidades de la empresa y las políticas de desarrollo del país receptor, incluyendo a través del aumento de la productividad de los jóvenes y/o su acceso al empleo digno y oportunidades de emprendimiento;[45]
- asegurar la protección de la maternidad en el trabajo.[46]

4. Salud y seguridad

Promoveremos la salud pública[47] a través de:

- adoptar prácticas adecuadas para evitar amenazas a la vida, salud y bienestar humanos en nuestras operaciones, así como amenazas derivadas del consumo, uso o disposición de nuestros bienes y servicios, incluyendo la adopción de buenas prácticas en seguridad de los alimentos;[48]
- contribuir a la protección de la salud y la seguridad de las comunidades afectadas durante el ciclo de vida de nuestras operaciones.[49]

5. Seguridad alimentaria y nutrición

Nos esforzaremos por asegurar que nuestras operaciones contribuyan a la seguridad alimentaria y la nutrición. Pondremos atención al mejoramiento de la disponibilidad, accesibilidad y utilización de alimentos seguros, nutritivos y diversos.[50]

6. Derechos de tenencia y acceso a recursos naturales

Respetaremos a los titulares legítimos de derechos de tenencia[51] y sus derechos sobre los recursos naturales, incluyendo los derechos públicos, privados, comunales, colectivos, indígenas y consuetudinarios, potencialmente afectados por nuestras actividades. Los recursos naturales incluyen la tierra, la pesca, los bosques y el agua.

En la mayor medida posible, nos comprometeremos con la transparencia y la divulgación de información en nuestras inversiones, incluyendo la transparencia de los términos en los contratos de arrendamiento/concesión, considerando las restricciones de privacidad.[52]

Daremos preferencia a los diseños factibles de proyectos alternativos para evitar o, cuando esto no sea posible, minimizar el desplazamiento físico y/o económico de los titulares legítimos de derechos de tenencia, al mismo tiempo que se equilibran los costos y beneficios ambientales, sociales y financieros, poniendo especial atención a los impactos adversos de las personas sin recursos y vulnerables.

Somos conscientes de que, de acuerdo con la legislación nacional y de conformidad con el contexto interno, los estados deben expropiar solamente cuando los derechos en cuestión se requieran para una causa de utilidad pública y deben asegurar una compensación pronta, adecuada y eficaz.[53]

Cuando los titulares legítimos de derechos de tenencia sean afectados de manera negativa, buscaremos asegurar que reciban una compensación pronta, adecuada y eficaz de los derechos de tenencia que están siendo impactados negativamente por nuestras operaciones.[54]

7. Bienestar animal

Apoyaremos el bienestar animal en nuestras operaciones,[55] a través de:

- esforzarnos en asegurar que las "cinco libertades" del bienestar animal sean implementadas, es decir, desnutrición, de incomodidad física y térmica, de dolor, lesiones y enfermedades, y estrés, y libertad para expresar patrones normales de comportamiento;[56]

- asegurar altos estándares de manejo y prácticas ganaderas para la producción animal, que sean adecuadas para la escala de nuestras operaciones, de acuerdo con los principios de la OIE.[57]

8. Protección ambiental y uso sustentable de recursos naturales

Instauraremos y mantendremos, en coordinación con las agencias gubernamentales responsables y terceros, cuando esto resulte aplicable, un sistema de gestión ambiental y social adecuado a la naturaleza y escala de nuestras operaciones y que sea proporcional al nivel de posibles riesgos e impactos ambientales y sociales.[58]

Mejoraremos continuamente nuestro desempeño ambiental a través de:

- prevenir, minimizar y remediar la contaminación e impactos negativos en el aire, tierra, suelo, agua, bosques y biodiversidad, además de reducir las emisiones de gases de efecto invernadero;

- evitar o reducir la generación de desechos peligrosos y no peligrosos, sustituir o reducir el uso de sustancias tóxicas,[59] y promover el uso productivo o asegurar una disposición segura de los desechos;

- asegurar el uso sustentable de los recursos naturales e incrementar la eficiencia del uso de recursos y energía;[60]

- reducir la pérdida y desperdicio de alimentos y promover el reciclaje;

- promover buenas prácticas agrícolas, incluyendo el mantener o mejorar la fertilidad del suelo y evitar la erosión del mismo;

- apoyar y conservar la biodiversidad, recursos genéticos y servicios de ecosistemas; respetar las áreas protegidas,[61] áreas de alto valor para la conservación y especies amenazadas; y controlar y minimizar la propagación de especies no nativas invasivas;

- aumentar la resiliencia de los sistemas de agricultura y alimentación, los hábitats de soporte y las estrategias de vida relacionadas contra los efectos del cambio climático a través de medidas de adaptación.[62]

9. Gobernanza

Evitaremos y nos abstendremos de cualquier forma de corrupción y prácticas fraudulentas.[63]

Cumpliremos con el espíritu de las leyes y reglamentos fiscales de los países en los que operamos.[64]

Nos abstendremos de celebrar o instrumentar acuerdos anti-competitivos entre competidores y cooperaremos con las autoridades investigadoras en materia de competencia.[65]

En la medida que resulte aplicable a las empresas, actuaremos de forma coherente con los Principios contenidos en las Recomendaciones del Consejo de la OCDE sobre Principios de Gobernanza Corporativa.[66]

10. Tecnología e innovación

Contribuiremos al desarrollo y a la difusión de tecnologías adecuadas, particularmente tecnologías amigables con el medio ambiente y aquellas que generen empleos directos e indirectos.[67]

3. Cinco pasos para una debida diligencia basada en el riesgo para las cadenas de suministro responsable en el sector agrícola

> Las empresas deben implementar el siguiente marco de trabajo en cinco pasos para poner en práctica la debida diligencia basada en riesgos a lo largo de las cadenas de suministro agrícola: (i) establecer sistemas sólidos de gestión empresarial para la cadenas de suministro responsable en el sector agrícola; (ii) identificar, evaluar y priorizar los riegos en la cadena de suministro; (iii) diseñar e implementar una estrategia para responder a los riesgos identificados; (iv) verificar la debida diligencia de la cadena de suministro; y (v) informar sobre la debida diligencia en la cadena de suministro. El primer paso incluye la adopción de una política empresarial de RSE que pueda basarse en el modelo de la política empresarial que aparece en la Sección 2 de la presente Guía. En tanto que todas las empresas deben llevar a cabo una debida diligencia, la implementación de este marco de trabajo en cinco etapas debe ajustarse a su posición y al tipo de involucramiento en la cadena de suministro, el contexto y la ubicación de sus operaciones, así como su dimensión y capacidades. En la medida de lo posible, esta sección diferencia las responsabilidades de distintos tipos de empresas (de producción agrícola, de fase final y financieras) en cada paso.

Paso 1. Establecer sistemas sólidos de gestión empresarial para cadenas de suministro responsable del sector agrícola

1.1 Adoptar o integrar a los procesos existentes una política empresarial de RSE a lo largo de la cadena de suministro (en adelante, política empresarial de RSE)

Esta política debe incorporar los estándares conforme a los que debe realizarse la debida diligencia, a partir de las normas internacionales y la política empresarial modelo mencionada con anterioridad. Puede comprender una sola política o varias políticas independientes (por ejemplo, política empresarial sobre derechos humanos) y puede incluir el compromiso de adoptar estándares específicos de la industria que ya existan, tales como esquemas de certificación.[68] Si existen políticas adoptadas desde hace tiempo, un análisis de brechas puede determinar las diferencias de la política existente en comparación con la política empresarial modelo de la Sección 2 y entonces es posible actualizarla.

La política empresarial de RSE debe:

- ser aprobada por el Gerente General la empresa. Es recomendable que la responsabilidad de implementar estos estándares recaiga en cargos de alta dirección. Paso 2. Identificar, evaluar y priorizar los riegos en la cadena de suministro

- ser informada por medio de capacitaciones internas y externas, y conforme resulte apropiado, por consultas con los actores interesados;

- estipular las expectativas de la empresa en términos de RSE para los empleados, socios de negocios y otras partes vinculadas directamente con sus operaciones, productos o servicios;

- estar disponible al público e informada a todos los empleados, socios de negocios y otros actores;

- reflejarse en las políticas y procedimientos de operación de la empresa;[69]

- ser revisada y actualizada de forma regular a la luz del aumento de la experiencia acerca de los riesgos en la cadena de suministro y los estándares internacionales.

Aunque algunos riesgos de impactos adversos surgen en etapas específicos de la cadena de suministro, tales como las etapas de producción y procesamiento para riesgos vinculados a la tenencia de la tierra y el bienestar animal, la política empresarial de RSE debe abarcar los riesgos que surjan a lo largo de toda la cadena de suministro.

1.2. Estructurar una gestión interna para apoyar la debida diligencia en la cadena de suministro

Los niveles de alta dirección deben estar involucrados activamente en la implementación y en asegurar el cumplimiento de la política empresarial de RSE. Los empleados y socios de negocio deben estar capacitados y brindar incentivos para que se cumpla con ello. Debe nombrarse a una persona que posea las habilidades técnicas y experiencias apropiadas para que sea el responsable de la debida diligencia, junto con el equipo de apoyo necesario. Asimismo, deben ponerse a disposición los recursos financieros adecuados. También debe establecerse una estructura interna de información, la misma que debe mantenerse y comunicarse dentro de la empresa. Las prácticas de RSE deben ser coherentes en todas las operaciones de la empresa. Estas medidas deberán ajustarse al objetivo, actividad, productos y tamaño de la empresa, considerando su capacidad financiera.

1.3. Establecer un sistema de control y transparencia a lo largo de la cadena de suministro

Monitorear la implementación de la política empresarial de RSE resulta crucial para la credibilidad y efectividad de la política de la empresa y para tener buenas relaciones con los actores interesados, incluyendo a los gobiernos. Ello implica:

- Crear procedimientos internos de verificación para llevar a cabo revisiones continuas de cumplimiento de la política de forma independiente y transparente. Dicho procedimiento puede consistir en un sistema de trazabilidad, y [70] comprende crear documentación interna de los procesos, análisis sobre los resultados y decisiones en materia de la debida diligencia; mantener un inventario interno y documentación de transacción que pueda ser utilizada de manera retrospectiva para identificar a los actores en la cadena de suministro; realizar y recibir pagos a través de servicios bancarios oficiales y asegurar que todas las compras inevitables en efectivo estén respaldadas por documentación verificable; y, conservar la información recolectada durante un periodo de varios años. Las empresas que operan en la parte inicial de la cadena de suministro deben establecer una trazabilidad de balance de masas o de segregación física,[71] por ejemplo a través de una cadena de custodia, en tanto que las empresas que operan en la parte final de la cadena de suministro deben identificar a sus proveedores en la parte inicial y a los países de origen de sus sub-proveedores iniciales. La información de debida diligencia que se transmita de las empresas iniciales a las finales puede aumentar la transparencia y facilitar la trazabilidad;

- Establecer relaciones permanentes de negocio como el mejor medio para lograr un flujo continuo de información. Los canales de comunicación con los diversos actores interesados pueden advertir sobre posibles desviaciones de la política y los estándares aplicables. La ejecución y seguimiento de auditorías periódicas y de evaluaciones de impacto ambiental, social y de derechos humanos (EIASDH)[72] también pueden apoyar en la evaluación del cumplimiento pero no deben sustituir dichos flujos de información.

1.4. Fortalecer la relación con los socios de negocios

Una política de RSE, basada en una política empresarial responsable, debe ser incorporada en los contratos y acuerdos con los socios de negocios. Debe ajustarse a sus capacidades. Las relaciones a largo plazo con los socios de negocios pueden incrementar la ventaja por promover la adopción de dicha política y mejorar la transparencia. Los planes de implementación desarrollados en coordinación con los socios de negocios y que involucran a los gobiernos locales y centrales, organismos internacionales y sociedad civil pueden también mejorar el cumplimiento, particularmente al ofrecer entrenamiento para el desarrollo de capacidades. Por ejemplo, las empresas pueden desarrollar las capacidades de los pequeños agricultores que puedan tener dificultades para cumplir con requisitos que puedan ser costosos.

1.5. Establecer un mecanismo de reclamo a nivel operativo en consulta y colaboración con los actores relevantes

Un mecanismo de reclamo[73] puede ser útil para alertar a las empresas sobre las desviaciones de los estándares aplicables y ayudarles a identificar riesgos, en lo que se incluye permitir una mejor comunicación con los actores relevantes. Puede establecerse a nivel de un proyecto, una empresa o una industria. Debe usarse como un sistema de alerta temprana de riesgos y como un mecanismo para evitar conflictos y brindar reparación. Por ejemplo, los mecanismos de reclamo establecidos por sistemas de relaciones industriales y contratos colectivos existentes, pueden constituir mecanismos eficaces y confiables para el respeto de los derechos laborales.

Los mecanismos de reclamo deben ser de fácil acceso para los trabajadores y para todos aquellos que puedan estar real o potencialmente afectados por los impactos adversos derivados del incumplimiento de los estándares de RSE por parte de la empresa. Las empresas deben hacer pública su existencia y las modalidades de acceso, fomentar su uso de manera activa, garantizar que sus usuarios permanezcan en el anonimato y libres de represalias, así como verificar su efectividad de manera constante. Deben contar con un registro público de las quejas recibidas, y las lecciones aprendidas por medio de los mecanismos de reclamo deben incorporarse a la política empresarial de RSE, las relaciones con los socios de negocios y los sistemas de monitoreo.

Los mecanismos de reclamo deben complementar los mecanismos judiciales y no judiciales, tales como los PNC, con los cuales deben también interactuar las empresas.

Paso 2. Identificar, evaluar y priorizar los riegos en la cadena de suministro

2.1. Analizar la cadena de suministro

Eso requiere identificar a los distintos actores involucrados, incluyendo, cuando sea aplicable, los nombres de los proveedores y socios de negocio inmediatos, así como los sitios de operación. Por ejemplo, se pueden solicitar los siguientes detalles a las empresas agrícolas: nombre de la unidad del productor; domicilio e identificación del sitio; datos de contacto del gerente en sitio; categoría, cantidad, fechas y métodos de producción; cantidad de trabajadores por género; lista de prácticas para la gestión de riesgos; rutas de transporte; así como evaluaciones de riesgo que se hayan llevado a cabo.

Las empresas, particularmente las empresas financieras y las empresas orientadas al consumidor que se encuentran en varios niveles alejadas de la producción agrícola, quizás no puedan analizar a todos sus proveedores y socios de negocios. Sin embargo, deberían trabajar en forma sistemática para tener un panorama completo de sus relaciones de negocio. El alcance de la información recolectada sobre los socios comerciales depende de la gravedad de los riesgos y en qué tan vinculados estén con los riesgos identificados.

2.2. Evaluar los riesgos de los impactos adversos al medio ambiente, sociales y a los derechos humanos[74] de las operaciones, procesos, bienes y servicios de la empresa y de sus socios de negocios durante el ciclo de vida de la empresa.

Dichas evaluaciones deben identificar la magnitud total de los impactos adversos actuales y potenciales en la cadena de suministro, ya sea que la empresa los haya ocasionado o haya contribuido a ocasionarlos o que estén directamente vinculados con sus operaciones, productos o servicios a través de una relación de negocios. Se deben abarcar los impactos ambientales, sociales y de derechos humanos. Podrían ser requeridos y estar regulados por las leyes locales. Su alcance y frecuencia debe reflejar la gravedad de los riesgos y el desempeño de los socios de negocios al manejarlos. Pueden ser utilizados para efectos de divulgación así como en una forma más práctica y prospectiva para afrontar riesgos específicos, fortalecer el diálogo con proveedores y mejorar el desempeño de estos.

A partir de los estándares existentes, el Anexo A (Sección 1.3) proporciona detalles sobre qué etapas y qué impactos deben incluir estas evaluaciones. Además, estas evaluaciones deben identificar:[75]

- titulares de derechos y actores relevantes, particularmente mujeres, que pudieran verse afectados por las operaciones de forma continua;[76]

- cualquier socio de negocios que corra el riesgo de no llevar a cabo una adecuada debida diligencia;

- cualquier "punto crítico" conforme a lo descrito en el Cuadro 3.1. En tales situaciones, podría resultar necesaria una reforzada debida diligencia, que podría incluir una verificación in situ de las circunstancias cualitativas, productos o socios de negocios que constituyen puntos críticos o sensibles;

- cualquier inconsistencia razonable entre las circunstancias fácticas de las operaciones y la política empresarial de RSE.

Cuadro 3.1. **Ejemplos de situaciones que garantizan una reforzada debida diligencia: puntos críticos**

● **Ubicaciones de puntos críticos** – Las operaciones se planean o los productos agrícolas se originan en áreas:

- Afectadas por conflictos o consideradas como áreas de alto riesgo;[1]

- Consideradas como zonas de gobernanza débil;[2]

- Donde los gobiernos nacionales o locales no cumplen con los estándares de RSE internacionalmente acordados o no brindan apoyo a la empresa para asegurar el cumplimiento de dichos estándares, tales como proponer tierra agrícola sobre la cual las comunidades locales tengan derechos legítimos de tenencia y que no hayan sido consultadas, o que esté ubicada en áreas protegidas;

- Donde se hayan reportado violaciones a derechos humanos o derechos laborales;

- Donde los derechos de tenencia de la tierra estén vagamente definidos o defendidos;

- Donde las comunidades enfrentan inseguridad alimentaria o escasez de agua;

- Afectadas por degradación ambiental o definidas como áreas protegidas.

● **Productos de punto crítico**

- Se sabe que la producción de productos primarios agrícolas tiene impactos adversos en el ámbito ambiental, social o de derechos humanos en ciertos contextos;

- El producto agroalimentario no cumple con los estándares de salud y de seguridad de los alimentos).

● **Socios de negocios de punto crítico**

- Se sabe que los socios no han cumplido con los estándares contenidos en la presente Guía;

- Son conocidos por haber obtenido productos agrícolas de un lugar que es un foco rojo durante los últimos doce meses;

- Tienen intereses de accionistas o de otro tipo en empresas que no cumplen con los estándares contenidos en esta Guía o que proporcionan productos agrícolas desde u operan en una ubicación de foco rojo.

1. Las áreas afectadas por conflictos y de alto riesgo se identifican por la presencia de conflictos armados, violencia generalizada u otros riesgos que puedan afectar a la población. Los conflictos armados pueden presentar una diversidad de formas, por ejemplo conflictos de carácter internacional o local, que pueden implicar a dos o más estados, o pueden tratarse de guerras de liberación, insurgencias, guerras civiles, etc. Las áreas de alto riesgo pueden incluir zonas de inestabilidad política o represión, debilidad de las instituciones, inseguridad, colapso de la infraestructura civil y violencia generalizada. Dichas áreas con frecuencia se caracterizan por presentar abusos y violaciones generalizadas a los derechos humanos y a la legislación nacional e internacional (OECD, 2013).
2. Esto puede incluir áreas que muestren un desempeño deficiente de acuerdo con los Indicadores Globales de Gobernabilidad del Banco Mundial o el Índice de Percepción de Corrupción elaborado por Transparencia Internacional. Podría también incluir a los países que no se han comprometido con la implementación de las disposiciones de la Convención de las Naciones Unidas Contra la Corrupción.

Existen diversos **tipos de evaluaciones** que pueden ayudar en la identificación de puntos críticos. Las evaluaciones de riesgo clasifican a las regiones y países productores como de riesgo bajo, medio o alto en cuanto a áreas de riesgo específico al evaluar el marco regulatorio, contexto político, libertades civiles y ambiente socioeconómico. Las evaluaciones de riesgo buscan comprender las circunstancias fácticas de las operaciones de los socios de negocios con la finalidad de evaluar el alcance, gravedad y probabilidad de ocurrencia de riesgos. Deben formar la base del proceso de pre-calificación de nuevos sociosde negocios. Debe aplicarse una evaluación estándar de riesgo a los socios de negocios que operan en contextos de riesgo bajo. Asimismo, debe aplicarse una evaluación reforzada de riesgo a todos los socios de negocios que operen en contextos de riesgo medio y alto. Las evaluaciones pueden incluir el llevar a cabo consultas entre los actores interesados, monitoreo por parte de un tercero, tales como organizaciones de la sociedad civil, y visitas a las granjas y/o instalaciones de procesamiento.

La evaluación de riesgos debe ser un **proceso continuo** con el propósito de mantener una imagen real de los riesgos con el paso del tiempo, considerando las circunstancias cambiantes. Las siguientes situaciones deben desencadenar nuevas evaluaciones: obtención de suministros de un nuevo mercado, cambios en el ambiente operativo de un socio de negocios (por ejemplo, un cambio en el gobierno), cambio en la propiedad de un socio de negocios, desarrollo de un nuevo producto, o cambios en el modelo de negocios

Las evaluaciones de riesgo dependen del **tipo de empresa:**

- Las empresas de producción agrícola pueden crear equipos de evaluación en campo para generar y compartir información verificable, confiable y actualizada sobre las circunstancias cualitativas de la producción agrícola. Estas empresas deberán asegurarse de que respetan a los titulares legítimos de derechos sobre la tierra, y realizar, entre otras, consultas significativas, eficaces y de buena fe con las comunidades locales. Si están involucradas en la producción de ganado, deben apoyar el bienestar animal en sus operaciones. Deben proporcionar y difundir los resultados de sus evaluaciones a empresas que conforman la cadena de suministro;

- Las empresas que operan en la parte final de la cadena de suministro no sólo deben identificar los riesgos en sus operaciones sino también hacer su mejor esfuerzo por evaluar los riesgos que enfrentan sus proveedores. Pueden evaluar esto último al analizar la debida diligencia que lleven a cabo sus proveedores o al evaluar directamente las operaciones de sus proveedores, por ejemplo, al realizar visitas a las granjas. Participar en los esquemas de la industria que evalúen el cumplimiento de los socios de negocios en cuanto a los estándares de RSE y brindar información relevante puede apoyar estas evaluaciones;

- Las empresas financieras pueden tener cientos o miles de clientes. No siempre es factible realizar evaluaciones de riesgo con cada uno de ellos. De acuerdo con las Directrices OCDE, se espera que todas las empresas identifiquen áreas generales donde el riesgo de impactos adversos sea más significativo, priorizando su debida diligencia. El alcance adecuado de las responsabilidades de debida diligencia de una institución financiera depende de la naturaleza de sus operaciones, productos y servicios.[77]

Paso 3. Diseñar e implementar una estrategia para responder a los riesgos identificados

3.1. Informar los hallazgos de la evaluación de riesgos *a la alta gerencia o a los directivos designados.*

3.2. Adoptar un plan de manejo de riesgos

Este plan puede incluir medidas de mitigación y prevención de riesgos sugeridas en el Anexo A. Puede proponer diversos escenarios dependiendo de qué tan estrecha sea la vinculación de la empresa y los impactos adversos (ver Cuadro 1.2 para conocer más detalles):

- Si la empresa está ocasionando impactos adversos, debe proporcionar reparación[78] de los impactos adversos presentes, y prevenir impactos adversos potenciales. Esto puede implicar la suspensión temporal de operaciones en tanto se realizan esfuerzos medibles para prevenir cualquier impacto adverso en el futuro, o suspender operaciones de forma permanente en caso de que estos impactos no puedan ser mitigados;

- Si la empresa está contribuyendo a los impactos adversos, debe cesar dicha contribución y utilizar su capacidad de influir para mitigar cualquier impacto adverso restante. Esto puede implicar la suspensión temporal de operaciones. La empresa debe, asimismo, tomar medidas preventivas para asegurar que estos impactos adversos no ocurran de nuevo;

- Si la empresa no ha contribuido al impacto adverso, sin embargo el impacto se ha producido, y éste se encuentra vinculado de forma directa con sus operaciones, productos o servicios por medio de una relación de negocios, debe utilizar su capacidad de influir para mitigar o evitar el impacto adverso. Esto puede generar una desvinculación con un socio de negocio después de algunos intentos fallidos en la mitigación de riesgos o cuando la mitigación del riesgo no se considere factible o sea inaceptable. Los factores relevantes en la determinación de la respuesta adecuada son, entre otros: la gravedad y probabilidad del impacto adverso, la capacidad de la empresa de influir y/o generar ventaja sobre el socio de negocios u otros actores relevantes (por ejemplo, el gobierno) y qué tan crucial sea dicho socio para la empresa.

Todos los tipos de empresa podrían ocasionar, contribuir o estar directamente vinculadas a los impactos adversos. Los siguientes ejemplos ilustran lo que esto puede implicar en la práctica:

- *Ocasionar:* Los tres tipos de empresas, de producción agrícola, que operen en la parte final de la cadena, o empresas financieras, pueden ocasionar impactos adversos de manera directa. Sin embargo, algunos impactos adversos pueden ser directamente generados por las empresas de producción agrícola, y en menor medida por las empresas que pertenecen a la parte final de la cadena de suministro, tales como los impactos sobre los derechos de tenencia de la tierra y bienestar animal. Si dentro de una evaluación de riesgo, se determina que una empresa de producción agrícola infringe los derechos de tenencia de titulares legítimos, debe proveer una reparación para dichos impactos, por ejemplo, la devolución de la tierra a los titulares legítimos del derecho o asegurarse de que reciban una compensación justa y rápida;

- *Contribuir a que:* Si una gran empresa de comercialización de alimentos requiere tiempos de entrega breves de productos agrícolas frescos y de temporada, como las fresas, esto puede ocasionar que sus proveedores aumenten repentinamente su mano de obra para cumplir con la demanda, y por tanto podría ocasionar abusos sobre trabajadores migratorios temporales. La empresa de alimentos debe, por tanto, detener su contribución a este impacto adverso, por ejemplo, al disminuir la presión sobre su proveedor o aumentar los precios de compra para tomar en consideración las restricciones crediticias de sus proveedores;

- *Directamente vinculadas con:* Un fondo de pensiones puede invertir en un fondo de inversión que a su vez invierta en una empresa de producción agrícola que dependa del trabajo infantil para algunas de las tareas más intensas, como la cosecha de vainilla. El fondo de pensión está por tanto vinculado indirectamente a impactos adversos contra los derechos humanos. Debe utilizar su ventaja para prevenir o mitigar el impacto adverso, por ejemplo, al expresar su intención de retirar su inversión de dicho fondo si no se atiende el problema del trabajo infantil al nivel de la granja.

3.3. Implementar el plan de manejo de riesgos, monitorear y rastrear el desempeño de los esfuerzos de mitigación de riesgos e informar a los directivos designados.

Esto implica consultar con los actores afectados, incluyendo los trabajadores y sus representantes, así como los socios de negocios, para aclarar las inquietudes y acordar sobre la estrategia para mitigar los riesgos.

Paso 4. Verificar la debida diligencia en la cadena de suministro

Las empresas deben realizar una serie de pasos para verificar que sus prácticas de debida diligencia son efectivas, por ejemplo, que se han identificado y mitigado o prevenido los riesgos. Surgen en ese sentido dos escenarios:

1. Si el riesgo ha sido mitigado o prevenido, la empresa debe llevar a cabo una debida diligencia continua proporcional al riesgo;

2. Si el riesgo no se ha mitigado o prevenido, el proceso de verificación debe identificar las razones por las que se produjo, tales como la falta de una estrategia efectiva para mitigar los riesgos, o planificación inadecuada del tiempo, recursos no adecuados o falta de voluntad para mitigar los riesgos. Debe llevarse a cabo una nueva evaluación de riesgos.

El proceso de verificación debe:

- Asegurar que la voz de las mujeres esté representada de forma adecuada;

- Ser proporcional al riesgo;

- Generar recomendaciones para mejorar las prácticas de debida diligencia;

- Tomar en consideración las capacidades de diversas empresas debido a que dichos procesos pueden ser costosos. La debida diligencia debe evaluarse a través de mecanismos asequibles para las pequeñas empresas, tales como las iniciativas locales de cumplimiento social.[79]

El proceso de verificación puede incluir auditorías, investigaciones in situ y consultas con autoridades gubernamentales, sociedad civil, miembros de la comunidad local y sindicatos a nivel local, nacional e internacional.[80] Los auditores deben ser independientes, competentes y responsables. Las empresas podrían considerar la incorporación de auditorías en un mecanismo regulado independiente, verificación de auditorías, publicación de informes de auditoría, implementación de módulos para desarrollar las capacidades de los proveedores, y apoyo en el seguimiento de reclamos de las partes interesadas.

Los procesos de verificación complementarios y que se refuerzan mutuamente basados en estándares comunes, aplicados en puntos adecuados de la cadena de suministro pueden ayudar a evitar la saturación de evaluaciones y aumentar la eficiencia.[81] Por ejemplo, los auditores pueden reconocer las conclusiones de las auditorías realizadas por otras terceras partes independientes. Las empresas podrían enfocarse en los "cuellos de botella", es decir, puntos en los que una pequeña cantidad de actores operan en la cadena de suministro – en comparación con cada empresa evaluada en la cadena de suministro. Pueden identificar los cuellos de botella a considerar:

i) Puntos clave de transformación en la cadena de suministro, tales como procesamiento o empaquetado;

ii)   Cantidad de actores en la cadena de suministro: las auditorías pueden enfocarse en puntos de la cadena de suministro donde relativamente pocos actores están activos o donde la mayoría de los productos agroalimentarios son agregados;

iii) Mayores puntos de ventaja de las empresas que operan en la parte final de la cadena;

iv)   Puntos críticos donde los esquemas y programas de auditoría ya existen para impulsar estos sistemas y evitar la duplicación.

Por ejemplo, un posible cuello de botella para la cadena de suministro de café en Etiopía puede ser la Bolsa Etíope de Productos Básicos donde una cantidad limitada de comerciantes venden el café producido para numerosos pequeños productores . En cadenas de suministro de café más fragmentadas, los cuellos de botella pueden ser las fábricas de procesamiento, los vendedores mayoristas o los exportadores. El enfoque en estos puntos no debe sustituir a una debida diligencia detallada implementada a lo largo de la cadena de suministro.

Paso 5. Informar sobre la debida diligencia en la cadena de suministro

Las empresas deben informar públicamente sobre sus políticas y prácticas de debida diligencia en la cadena de suministro, teniendo en consideración la confidencialidad de los negocios y otros asuntos competitivos que pueden ser sensibles para la empresa. Deben brindar a los actores afectados y socios de negocios información clara, precisa y oportuna sobre los impactos adversos presentes y potenciales identificados a través de evaluaciones continuas de impacto y sobre los pasos y medidas tomadas para mitigarlos o evitarlos. Los informes pueden incluir también información sobre los sistemas de administración de empresas y los reportes de verificación de las prácticas de debida diligencia. Una vez emitidos, deben ser accesibles para todos los actores relevantes.

Más allá de la información pública y formal, la comunicación puede tomar una diversidad de formas, incluyendo reuniones en persona, diálogos en línea y consultas con los actores afectados. La comunicación debe ser adecuada a los impactos y audiencia en términos de su forma, frecuencia y accesibilidad de la información proporcionada.

Notas

1. Si bien la Constitución de Organización de Naciones Unidas para la Alimentación y la Agricultura (FAO) incluye la pesca y los bosques en la definición de agricultura, la presente Guía se enfoca principalmente en cultivos y ganado.

2. RSE significa que las empresas deberían: a) realizar un aporte positivo al progreso económico, ambiental y social con miras a alcanzar el desarrollo sustentable, y b) evitar y enfrentar los impactos adversos a través de sus actividades, y prevenir o mitigar los impactos adversos directamente vinculados con sus operaciones, productos o servicios por medio de una relación de negocios.

3. A lo largo de la presente Guía, los estándares se refieren a recomendaciones contenidas en diversos tipos de instrumentos, incluyendo convenciones, declaraciones, principios y directrices.

4. Como subrayó el reporte 2015 del Foro Económico Mundial, Beyond supply chains - Empowering responsible value chains [Más allá de las cadenas de suministro – Empoderar cadenas de valor responsable], el cumplimiento de los estándares de RSE puede beneficiar a las empresas a medida que la dinámica cambiante del mercado aumenta la importancia de los esfuerzos de sostenibilidad. Los clientes se vuelven cada vez más sensibles. Los consumidores más jóvenes exigen en particular productos y prácticas sostenibles y pagarán más por obtenerlas. La escasez cada vez mayor de recursos naturales y los precios en aumento de productos hacen que la eficiencia de recursos y la reducción de desechos sean variables críticas para que las empresas sigan siendo rentables. El ambiente regulatorio y las organizaciones no gubernamentales exigen más transparencia, lo cual afecta los costos de incumplimiento y puede generar una respuesta negativa del mercado.

5. Ver la definición de debida diligencia a continuación para conocer la definición de "relación de negocios".

6. Ver la sección de "usuarios previstos" para conocer una descripción más detallada.

7. Las Directrices OCDE forman parte integral de la Declaración de la OCDE sobre Inversión Internacional y Empresas Multinacionales.

8. Ver la sub-sección "proceso" para conocer más detalles sobre la composición y el papel del Grupo Asesor en el desarrollo de la presente Guía.

9. Referencias adicionales están disponibles aquí: http://mneguidelines.oecd.org/rbc-agriculture-supplychains.htm.

10. En tanto que las Directrices OCDE no proporcionan una definición precisa de empresas multinacionales (EMN), indican que usualmente las EMN comprenden empresas u otras entidades establecidas en más de un país (Directrices OCDE, I.4). Los Principios IRA-CSA se enfocan a las "empresas comerciales, incluyendo las agrícolas" (párrafos 50-52).

11. Los términos de referencia del Grupo Asesor de Diversos Actores Involucrados que definen sus objetivos, tareas y estructura organizacional fueron aprobados por el Grupo de Trabajo de la OCDE sobre Conducta Empresarial Responsable en junio de 2013 y por el Grupo de Trabajo de la OCDE sobre Políticas y Mercados Agrícolas en julio de 2013.

12. Para conocer ejemplos específicos, ver: Botswana agrifood value chain project: Beef value chain study [Proyecto de cadena de valor agroalimentaria de Botswana: Estudio de la cadena de valor de la carne], elaborado por la FAO en 2013; A farm gate-to-consumer value chain analysis of Kenya's maize marketing system [Un análisis de la cadena de valor de la puerta de la granja al consumidor del sistema de mercadeo del maíz de Kenia], elaborado por la Universidad Estatal de Michigan en 2011; Value chain analysis of the cashew sector in Ghana [Análisis de la cadena de valor para el sector de la nuez de la india en Ghana], elaborado por GIZ en 2010; o Rwanda's essential oils

value chains: A diagnostic [las cadenas de valor de aceites esenciales de Ruanda: Un diagnóstico], elaborado por UNIDO en 2012.

13. La agricultura por contrato implica que la producción se lleve a cabo con base en un acuerdo entre el comprador y el productor. Abarca una amplia variedad de contratos y difiere por tipo de contratista, tipo de producto, intensidad de la coordinación entre granjeros e inversionistas, y la cantidad de actores involucrados. Para obtener más información, ver www.fao.org/ag/ags/contract-farming/faq/en/#c100440.

14. Para conocer más detalles, vea la Guía de Debida Diligencia de la OCDE para Cadenas de Suministro Responsables de Minerales en las Áreas de Conflicto o de Alto Riesgo, 2011.

15. A partir de las Directrices OCDE, II.15.

16. Directrices OCDE, II.A.10.

17. Directrices OCDE, II.16.

18. Dichos programas incluyen, entre otros: Principios y criterios para la producción sustentable del aceite de palma que certifica a los productores, procesadores o comercializadores de aceite de palma, así como fabricantes, vendedores al menudeo, bancos e inversionistas involucrados en las cadenas de suministro del aceite de palma; Estándares de la mesa redonda sobre biocombustibles sustentables que certifica a los operadores de biocombustibles; Principios y criterios para la producción responsable de soya, que certifica a los cultivadores de soya y grupos de cultivadores de soya; Estándares de la Iniciativa para una Mejor Caña de Azúcar (Better Sugarcane Initiative - Bonsucro) para los productores de caña de azúcar; y Principios para la Inversión Responsable en Tierras de Cultivo para dueños y administradores de activos institucionales. Las plataformas de monitoreo como Sedex pueden ayudar a monitorear el desempeño de los proveedores.

19. Una Recomendación acerca de la Guía de Debida Diligencia de la OCDE para Cadenas de Suministro Responsables de Minerales en las Áreas de Conflicto o de Alto Riesgo fue adoptada por el Consejo a nivel Ministerial el 25 de mayo de 2011 y posteriormente enmendada el 17 de julio de 2012 para incluir una referencia al Suplemento sobre el Oro.

20. La política empresarial modelo no busca sustituir los estándares existentes. Las empresas deben hacer referencia a cada uno de estos estándares antes de presentar reclamaciones en cuanto a su cumplimiento. Las referencias a los estándares que se citan a lo largo del documento se indican después del último elemento mencionado y no después de cada uno de los elementos citados. Se pretende ayudar a las empresas a consultar el texto inicial de los estándares considerado en esta Guía para conocer más detalles del contenido de dichos estándares.

21. Directrices OCDE, II.10 y VI.3; Principio IRA-CSA 10; VGGT 12.10; Principios Rectores de Naciones Unidas, párr. 17; CBD, Artículo 14; Directrices Akwé: Kon; Estándar de Desempeño CFI 1, párr. 5 y 8-10.

22. Directrices OCDE, III.1-3, VI.2.a & VIII.2; Principios IRA-CSA 9.11 y 10; Principios Rectores de Naciones Unidas, párr. 21; Estándar de Desempeño CFI 1, párr. 29; Convención Aarhus, Artículo 5. Ver Anexo A, 1.1 y 1.3 más adelante. Las directrices específicas sobre información material a compartir con los actores afectados pueden encontrarse en la Guía OCDE de Debida Diligencia para Participación Significativa de las Partes Interesadas en el Sector de Extracción.

23. Directrices OCDE, VIII.2.

24. Directrices OECD, II.14 & VI.2.b; Principios IRA-CSA 9.iii-iv; VGGT, 9.9 and 12.11; Principios Rectores de Naciones Unidas, para. 18; Principios PIAR 1 and 4; Directrices Akwé: Kon, 11, 13-17 and 57; Estándar de Desempeño CFI 1, para. 26-27 and 30-33. Ver también Convenio OIT No. 169 sobre Pueblos Indígenas y Tribales. Ver Anexo A, 1.2. Mas informacion sobre participación de las partes interesadas puede encontrarse en la Guía OCDE de Debida Diligencia para Participación Significativa de las Partes Interesadas en el Sector de Extracción.

25. Ver Anexo B para conocer más directrices sobre el involucramiento con los pueblos indígenas y el consentimiento libre, previo e informado (CLPI).

26. Como se destacó en la introducción, en un esfuerzo conjunto de la OCDE y la FAO, la presente Guía considera diversos estándares adicionales a las Directrices OCDE, particularmente los principios IRA-CSA, que incluyen referencias al CLPI que no se encuentran en las Directrices OCDE. Este párrafo cita el Principio IRA-CSA 9.iv. Ver también el Estándar de Desempeño CFI 7, párr. 12-17;

Directrices Akwé: Kon, 29 y 60; VGGT, 3B.6, 9.9 y 12.7; Declaración de las Naciones Unidas sobre los Derechos de los Pueblos Indígenas, Artículos 10, 11 y 32; y Convenio OIT No. 169 sobre Pueblos Indígenas y Tribales, Artículo 16.

27. Directrices OCDE, II.A.1; Principio IRA-CSA 2.iv, v y vii; VGGT, 12.4; Directrices Akwé: Kon, 40.

28. Principios IRA-CSA 2.iv-vii y 7.i & iii; VGGT, 12.6; Principios PIAR 5-6; Directrices Akwé: Kon, 46; Estándar de Desempeño CFI 7, párr. 14 y 17-20 y Estándar 8, párr. 16. Ver también CBD Artículo 8(j), Protocolo de Nagoya Artículos 5-7, TIRFAA, Artículo 9.2. Los beneficios pueden ser monetarios y no monetarios: ver Anexo al Protocolo de Nagoya. Ver también Anexo A, 1.4 para más detalles.

29. Directrices OCDE, IV, párr. 46 y VIII.3; Principio IRA-CSA 9.v; VGGT, 3.2, 12.14, 25.1 & 25.3; Principios Rectores de Naciones Unidas 31; Principio PIAR 1; Directrices Akwé: Kon, 63; Declaración OIT sobre EMN, 58-59; Estándar de Desempeño CFI 1, párr.. 35, y Estándar de Desempeño CFI 5, párr. 11. Ver Anexo A, 1.5. La Guía OCDE de Debida Diligencia para la Participación Significativa de las Partes Interesadas en el Sector de Extracción brinda más directrices sobre los mecanismos de reclamación.

30. Principio IRA-CSA 3; Convención sobre la Eliminación de Todas las Formas de Discriminación sobre la Mujer (CETFDM).

31. Para conocer más detalles sobre derechos humanos reconocidos a nivel internacional, puede consultar las Líneas Directrices OCDE, VI. 39.

32. Directrices OCDE, II.A.2 y IV; Principios IRA-CSA 1, 9.iv y 10 y Párr. 3, 19i, 47v, 50 y 51; Principios Rectores de Naciones Unidas, párr. 11. Ver Anexo A, 2.

33. Directrices OCDE, IV.1 y 2.

34. Directrices OCDE, IV.3; VGGT, 3.2; Principio PIAR 1; Directrices Akwé: Kon, 57; Pacto Mundial de Naciones Unidas, Principios 1-2.

35. Directrices OCDE, IV.5; Principio Rector de Naciones Unidas 17.

36. Directrices OCDE, IV.6; Principio Rector de Naciones Unidas 22.

37. Declaración Universal de los Derechos Humanos, Artículo 2; Principio IRA-CSA 3.ii. Como se destacó en el Anexo A, las Directrices OCDE (V.1.e) establecen que las empresas deben "ser guiadas a lo largo de sus operaciones por el principio de igualdad de oportunidad y trato en el empleo y no discriminar a sus trabajadores respecto del empleo u ocupación por motivos de raza, color, sexo, religión, opinión política, origen nacional o social, u otra condición". El comentario 54 específica que el término "otra condición" para efectos de las Directrices se refiere a actividad en sindicatos y características personales como edad, discapacidad, embarazo, estado civil, orientación sexual o condición de VIH.

38. Directrices OCDE, V.1-3; Principio IRA-CSA 2.i-ii; Declaración OIT sobre EMN, párr. 8; Principios Rectores de Naciones Unidas, 12; Estándar de Desempeño CFI 2: Derechos de los Niños y Principio de Negocios 2. Todos los miembros de la OIT deben respetar estas normas esenciales de trabajo que constituyen los cuatro principios fundamentales de la Declaración de la OIT relativa a los Principios y Derechos Fundamentales en el Trabajo, sin menoscabo de qué convenio de la OIT hayan ratificado.

39. Directrices OCDE, V.4.b y V.4.c; Principio IRA-CSA 2.iii; Declaración OIT sobre EMN 37-40; Estándar de Desempeño CFI 2, párr. 10, 23, 25, 28-29; Derechos de los Niños y Principio de Negocios 3 y 4.

40. Declaración OIT sobre EMN, 16 y 25-28. Para un análisis más detallado vea Anexo A, 3 sobre condiciones decentes de trabajo.

41. Recomendación OIT No. 198, Artículo 7.a; Estándar de Desempeño CFI 2, párr. 11.

42. Principio IRA-CSA 3.iv.

43. Declaración Universal de los Derechos Humanos, Artículo 23.

44. Directrices OCDE, II. A.4; Declaración OIT sobre EMN, párr. 16 y 19; Principio IRA-CSA 2.iii.

45. Principios IRA-CSA 2,iii y 4.ii; Declaración OIT sobre EMN 30-32.

46. Convenio de la OIT sobre la Protección de la Maternidad, 2000 (No. 183); Convención sobre la Eliminación de Todas las Formas de Discriminación Contra la Mujer, artículo 11 (2).

47. Principio IRA-CSA 8.iv.

48. Directrices OCDE, VIII.1, 6-7; Principios IRA-CSA 2.viii y 8.i, iii y iv; PIAR, 5.2.1.

49. Directrices Akwé: Kon, 50; Estándar de Desempeño CFI 4.

50. Principio IRA-CSA 1 y 8.i; VGGT 12.1, 12.4 y 12.12; PIAR 2.2. Ver Anexo A, 5. Los cuatro elementos de la seguridad alimentaria, esto es, disponibilidad, accesibilidad, estabilidad y utilización de alimentos, se reflejan en el Plan de Acción de la Cumbre Mundial de Alimentación de 1996 adoptada por 112 Jefes de Estado o segundos Jefes de Estado o de Gobierno que se comprometieron a "implementar las políticas encaminadas a la erradicación de la pobreza y desigualdad y a mejorar el acceso físico y económico para todos, en todo momento, a alimentos suficientes, adecuados nutricionalmente y seguros así como su efectiva utilización; y buscar políticas y prácticas participativas y sustentables de alimentos, agricultura, pesca, bosques y desarrollo rural en áreas de alto y bajo potencial, que son esenciales para el suministro alimentario adecuado y confiable a nivel doméstico, nacional, regional y global".

51. VGGT 4.4 define los derechos de tenencia de la siguiente forma: "De conformidad con los principios de consulta y participación de estas Directrices, los Estados deben definir por medio de reglas ampliamente difundidas las categorías de derechos que se consideran legítimos".

52. VGGT, 2.4, 3.2, 9.1, 11.4 y 12.3; Principios IRA-CSA 5 y 9.ii y párr. 51; Principios de Naciones Unidas para Contratos Responsables anexos a los Principios Rectores de Naciones Unidas y adoptados por el Consejo de Derechos Humanos de Naciones Unidas, Principio 10.

53. VGGT, 9.1, 12.4, 16.1 y 16.3; Estándar de Desempeño 5, párr. 2 y 8 y Estándar de Desempeño CFI 7, párr. 15; Derechos de los Niños y Principio de Negocios 7. La frase "compensación pronta, adecuada y efectiva" se considera como derecho internacional consuetudinario para el tipo de compensación debida para efectos de una expropiación legítima. Ver Anexo A, 6 a continuación. Tome en consideración que los estándares mencionados en esta Guía se alinean con los compromisos de cero tolerancia para los desplazamientos de tierra de cualquier derecho legítimo de tenencia realizados por empresas de alimentos y bebidas de gran tamaño.

54. VGGT, 16.1 y 16.3; PIAR 6.2.1; Estándar de Desempeño CFI 5, párr. 9-10, 12, 19, 27-28, y Estándar de Desempeño CFI 7, párr. 9 y 14. De acuerdo con el Estándar de Desempeño CFI 7 párr. 14, la compensación basada en la tierra debe proporcionarse en lugar de una compensación en efectivo cuando esto sea posible y debe asegurarse el acceso continuo a los recursos naturales o bien identificar recursos equivalentes para reemplazarlos. Como última opción, debe brindarse compensación en efectivo y deben identificarse medios alternativos de subsistencia.

55. Principio IRA-CSA 8.ii. Ver Anexo A, 7.

56. Principios fundamentales desarrollados por la Organización Mundial para la Salud Animal (OIE). Para mayor información, ver las Cinco Libertades del Consejo de Bienestar de Animales de Granja en www.fawc.org.uk/freedoms.htm.

57. Regulaciones de Inglaterra 2000 (S.I. 2000 No. 1870) y Regulación 3(1) sobre el bienestar de animales de granja.

58. Directrices OCDE, VI.1; Principio IRA-CSA 10; VGGT 4.3, 11.2, 12.6 y 12.10; PIAR 7; Estándar de Desempeño CFI 1.1.

59. Se puede consultar una lista de sustancias tóxicas en: la lista de la Organización Mundial de la Salud (OMS) de agroquímicos peligrosos; la clasificación recomendada de la OMS para plaguicidas por riesgo Ia (extremadamente peligrosos) o Ib (altamente peligrosos); el Convenio de Estocolmo sobre Contaminantes Orgánicos Persistentes (POP) de 2004; el Convenio de Rotterdam sobre el Procedimiento de consentimiento fundamentado previo aplicable a ciertos plaguicidas y productos químicos objeto de comercio internacional de 2004; el Convenio de Basilea sobre el Control de los Movimientos. Transfronterizos de los Desechos Peligrosos y su eliminación de 1992; el Protocolo de Montreal relativo a las sustancias que agotan la Capa de Ozono de 1999; y la lista "Sustituya Ahora" ("Substitute It Now", SIN por sus siglas en inglés) para plaguicidas.

60. Aunque la mayoría de los instrumentos que se han adoptado a través de un proceso intergubernamental se refieren al "uso eficiente de los recursos", el párrafo 9 sobre consumo de agua del Estándar de Desempeño CFI 3 va más allá al requerir que la empresa "adopte medidas que evite o reduzcan el uso del agua".

61. Estándar de Desempeño CFI 6, párr. 20, proporciona la definición de área legalmente protegida como un área que cumple con la definición de la Unión Internacional para la Conservación de la Naturaleza (UICN): "Un área protegida es un espacio geográfico claramente definido, reconocido, dedicado y gestionado, mediante medios legales u otros tipos de medios eficaces para conseguir la conservación a largo plazo de la naturaleza y de sus servicios ecosistémicos y sus valores culturales asociados". Esto incluye las áreas propuestas por los gobiernos para obtener dicha designación.

62. Directrices OCDE, VI.6; Principios IRA-CSA 1.i y 6; PIAR 7; Estándares de Desempeño CFI 3 y 6; CBD; Convención sobre el Comercio Internacional de Especies Amenazadas de Fauna y Flora Silvestres CITES de 1975. Ver también Anexo A, 8.

63. Directrices OCDE II.A.5 & 7, II.A.15, and VII; Principio IRA-CSA 9.i; VGGT, 6.9, 9.12 & 16.6; Pacto Mundial de Naciones Unidas, Principio 10. Ver Anexo A, 9.1. Además los Estándares Internacionales sobre la Lucha Contra el Lavado de Activos, el Financiamiento del Terrorismo y de la Proliferación desarrollados por el Grupo de Acción Financiera Internacional (GAFI) y adoptados por 180 países en 2003 también son relevantes para las instituciones financieras. Las medidas preventivas, incluyendo la debida diligencia del cliente y elaboración de registros, son particularmente útiles para el combate a la corrupción.

64. Directrices OCDE, XI.1-2. Ver Anexo A, 9.2.

65. Directrices OCDE, X.2-3. Ver Anexo A, 9.3.

66. Los Principios de la G20/OCDE sobre Gobernanza Corporativa son la referencia internacional sobre la gobernanza corporativa para los responsables de las políticas, los inversionistas, las empresas y otros actores. Han sido adoptados como uno de los estándares clave del Consejo de Estabilidad Financiera para la estabilidad financiera internacional. El Banco Mundial los ha usado en más de 60 evaluaciones de país. Constituyen la base de las directrices sobre la gobernanza corporativa de los bancos emitidas por el Comité de Basilea sobre supervisión bancaria. www.oecd.org/corporate/principles-corporate-governance.htm.

67. Directrices OCDE, IX; Principio IRA-CSA 7.iv; Declaración OIT sobre EMN, 19; CBD, Artículo 16; Pacto Mundial de Naciones Unidas, Principio 9.

68. Estándar de Desempeño 6 CFI, párr. 26.

69. Directrices OCDE, IV, Comentario 44; Principios Rectores de Naciones Unidas, párr. 16.

70. La Comisión del Codex Alimentarius define la trazabilidad como la capacidad de seguir el movimiento de un alimento a través de etapa(s) especificada(s) de la producción, transformación y distribución.

71. La trazabilidad de balance de masas controla el volumen exacto del material evaluado y certificado que entra a la cadena de suministro. Se puede vender o certificar un volumen equivalente del producto que sale de la cadena de suministro. Pueden mezclarse componentes certificados y no certificados. La trazabilidad de segregación física identifica y rastrea los materiales y productos certificados a lo largo de la cadena de suministro. El término cadena de custodia se refiere a la documentación cronológica o respaldo documental que muestra la incautación, custodia, control, transferencia, análisis y disposición del producto físico.

72. Es posible encontrar más información sobre este tema en el Anexo A, 1.3.

73. Para obtener más información, puede consultar: Anexo A, Sección 1.5; CFI, 2009; y la Guía OCDE de Debida Diligencia para la Participación Significativa de las Partes Interesadas en el Sector de Extracción.

74. Como se detalla en la Guía IISD para la negociación de contratos de inversión (IISD, 2014), las Evaluaciones de Impacto Ambiental (EIA) ahora son una práctica firmemente establecida para los proyectos en una gran variedad de sectores económicos. Cerca de dos tercios de los aproximadamente 110 países en desarrollo habían promulgado alguna forma de legislación EIA hacia mediados de la década de los 90. Las Evaluaciones de Impacto Social son menos comunes pero están cobrando cada vez más importancia en el proceso y práctica de EIA. Hacen falta principios generalmente aceptados para las evaluaciones de impacto social, pero la Asociación Internacional para la Evaluación del Impacto ha publicado un conjunto de directrices. Entre otras variantes se encuentran las evaluaciones de sustentabilidad que integren perspectivas sociales, económicas y ambientales o evaluaciones de impactos acumulativos. Existe una práctica creciente para aplicar

las evaluaciones ambientales y sociales al mismo tiempo. Las evaluaciones de impacto pueden también abarcar impactos sobre el bienestar animal.

75. Las herramientas de análisis de riesgo tales como los que desarrolló el Fondo Mundial para la Naturaleza (WWF) pueden ayudar en la identificación de riesgos. Incluyen la herramienta de análisis de riesgo de suministro (www.supplyrisk.org) y el filtro de riesgo de agua (htttp://waterriskfilter.panda.org).

76. El Anexo A, 2 y 6 contiene más información.

77. Por ejemplo, si el servicio financiero se utiliza principalmente para establecer la propiedad de, financiar o apoyar el desempeño general del cliente (por ejemplo, préstamos o financiamientos corporativos generales) o si sólo su desempeño específico (por ejemplo, financiamiento de proyecto) influye en el alcance del proceso de debida diligencia recomendado por las Directrices OCDE. En el primer caso, se espera probablemente que la institución financiera responda a todos los impactos adversos asociados con las actividades del cliente. En el segundo, quizá sólo se espere que responda a los impactos de las actividades que financia o apoya.

78. De acuerdo con la Oficina del Alto Comisionado de Naciones Unidas para los Derechos Humanos, en La Responsabilidad Corporativa de Respeto a los Derechos Humanos, una Guía Interpretativa, la reparación del daño no sólo es el proceso de proporcionar una reparación para un impacto adverso sino que también se refiere a los resultados sustantivos que puedan contrarrestar, o hacer bueno, el impacto negativo. Estos resultados pueden tomar una gran variedad de formas, tales como disculpas, restitución, rehabilitación, compensación financiera o no financiera, y sanciones punitivas (ya sea penales o administrativas, como multas), así como la prevención del daño a través, por ejemplo, de requerimientos o garantías de no repetición.

79. El programa SIZA (Sustainability Initiative of South Africa) es un buen ejemplo de un programa local de responsabilidad social. Este programa de comercio ético fue desarrollado por la asociación local de productores agrícolas. Creó un conjunto unificado de estándares para los productores de fruta de Sudáfrica, basado en legislación local, el código de referencia y el proceso de auditoría de referencia así como la metodología del Programa Global de Responsabilidad Social y los convenios de la OIT. El mayor vendedor minorista trabaja con organizaciones locales para fortalecer las capacidades. Al empoderar a las contrapartes locales, el minorista busca asegurar que sus inversiones en el desempeño social de su cadena de suministro agrícola en Sudáfrica sean sustentables.

80. Después del desastre de Rana Plaza, el PNC de Francia subrayó la importancia de las auditorías independientes y de alta calidad en el siguiente informe: NCP report on the Implementation of the OECD Guidelines in the Textile and Clothing Sector following a referral from Nicole Bricq, Minister of Foreign Trade [Informe del PNC sobre la Implementación de las Directrices OCDE en el Sector Textil y de Confecciones seguido de una referencia de Nicole Bricq, Ministro de Comercio Exterior], Recomendación #6 en las páginas 57-58, 2 de diciembre de 2013, disponible en www.tresor.economie.gouv.fr/File/398811.

81. Por ejemplo, SGS ha desarrollado un Programa Global de Responsabilidad Social para reducir el exceso de auditorías.

Referencias

FAO (2014), *Innovation in Family Farming* (Innovación en la Agricultura Familiar), El Estado de la Alimentación y la Agricultura, Organización de Naciones Unidas para la Alimentación y la Agricultura, Roma.

FAO (2012), *Investing in Agriculture for a Better Future* (Invertir en la Agricultura para un Mejor Futuro), El Estado de la Alimentación y la Agricultura, Organización de Naciones Unidas para la Alimentación y la Agricultura, Roma.

IISD (2014), *Guide to Negotiating Investment Contracts for Farmland and Water* (Guía para Negociar Contratos de Inversión para Tierras Agrícolas y Agua), Instituto Internacional para el Desarrollo Sostenible, Manitoba.

OCDE/FAO (2015), *Perspectivas Agrícolas OCDE-FAO 2015*, Publicaciones OCDE, París, http://dx.doi.org/10.1787/agr_outlook-2015-en.

OCDE (2014), *Due diligence in the Financial Sector: Adverse Impacts Directly Linked to Operations, Products or Services by a Business Relationship* (Debida Diligencia en el Sector Financiero: Impactos Adversos Directamente Vinculados a las Operaciones, Productos o Servicios por medio de una Relación de Negocios), Nota del Secretariado de la OCDE, París, http://mneguidelines.oecd.org/globalforumonresponsiblebusinessconduct/GFRBC-2014-financial-sector-document-1.pdf.

OCDE (2013), *Guía de Debida Diligencia de la OCDE para Cadenas de Suministro Responsables de Minerales en las Áreas de Conflicto o de Alto Riesgo*: Segunda Edición, Publicaciones OCDE, París, http://dx.doi.org/10.1787/9789264185050-en.

Anexo A.

Medidas para la mitigación y prevención de riesgos a lo largo de las cadenas de suministro responsable para el sector agrícola

El presente Anexo identifica los riesgos de impactos adversos que surgen a lo largo de la cadena de suministro agrícola y propone medidas para mitigarlos y prevenirlos, a partir de los mismos estándares utilizados en el modelo de política empresarial. Las medidas propuestas pueden reforzarse entre sí. Por ejemplo, el respeto a los derechos laborales, que incluye otorgar salarios y condiciones de trabajo dignos, pueden apoyar el acceso a una alimentación adecuada y ayudar a alcanzar el mayor estándar posible de salud física y mental. La implementación de las medidas propuestas debe ajustarse a la posición y el tipo de involucramiento de cada empresa en la cadena de suministro, el contexto y la ubicación de sus operaciones, así como su tamaño y capacidades.

1. Estándares transversales de RSE

1.1 Divulgación de la información / transparencia

Riesgos

Una falta de transparencia puede producir desconfianza y privar a las empresas de la posibilidad de resolver problemas menores antes de que se conviertan en conflictos de mayor escala, en tanto que la divulgación máxima de información puede reducir los costos de transacción para todos los actores interesados (FAO, 2010). A menos que la información se proporcione de una forma lingüística y culturalmente adecuada, medible, verificable y oportuna, incluyendo las reuniones de consulta regulares y los medios generales, las empresas corren el riesgo de no ser comprendidas completamente por los actores potencialmente afectados o bien de no alcanzar a todas las partes relevantes (CFI, 2012). A falta de leyes claras y aplicables sobre transparencia y divulgación, se garantiza la debida diligencia (OCDE, 2006).

Medidas para la mitigación de riesgos

- **Proporcionar información oportuna y precisa** al público, sin poner en peligro la posición competitiva o los deberes hacia los beneficiarios efectivos de la empresa, en cuanto a:
  - Propósito, naturaleza y escala de las operaciones;
  - Acuerdos y/o contratos de arrendamiento y sus términos;
  - Actividades, estructura, propiedad y gobernanza de la empresa;

- Situación financiera y desempeño de la empresa;

- Políticas de RSE y el proceso de implementación, incluyendo el proceso de involucramiento de los actores interesados y la disponibilidad de los mecanismos de reclamo y reparación;

- Evaluación de Impacto Ambiental, Social y de Derechos Humanos (EIASDH), incluyendo los factores de riesgo previsibles, tales como impactos potenciales al medio ambiente, sociales, derechos humanos, salud y seguridad de las operaciones de la empresa sobre diversos actores, así como sobre espacios protegidos, tierras o aguas tradicionalmente utilizadas u ocupadas por pueblos originarios y comunidades locales;

- Planes de gestión ambiental, social y de derechos humanos así como características de productos.[1]

- **Difundir información** a través de todos los medios disponibles de notificación (impreso, electrónico y redes sociales, incluyendo periódicos, radio, televisión, correo, reuniones locales, etc.), considerando la situación de las comunidades remotas o aisladas y mayormente analfabetas y asegurando que dicha notificación y consulta se lleve a cabo en el(los) idioma(s) de las comunidades afectadas;[2]

- En caso de una amenaza inminente a la salud humana o al medio ambiente, **compartir de inmediato** y sin demora toda la información que pueda permitir a las autoridades y al público en general tomar las medidas necesarias que permitan prevenir o mitigar el daño que surja a partir de tal amenaza;[3]

- Ajustar las política**s de divulgación** a la naturaleza, tamaño y ubicación de las operaciones, tomando en debida consideración los costos, confidencialidad de negocios y otros temas de competencia.[4]

1.2 Consultas

Riesgos

Una falta de consultas con los actores interesados que puedan verse afectados por las operaciones de la empresa, imposibilita que las empresas evalúen de manera realista la viabilidad de un proyecto y que identifiquen las medidas eficaces y específicas de respuesta ante una situación de riesgo. Las consultas inclusivas y transparentes pueden reducir los costos de transacción, reducir oposición y generar confianza entre los actores.

Medidas para la mitigación de riesgos

- Desarrollar e implementar un **plan de participación con todos los actores interesados** que se ajuste a los riesgos, impactos y etapas de desarrollo de las operaciones, así como a las características e intereses de las comunidades afectadas. En los casos en que resulte aplicable, el plan debe incluir medidas diferenciadas para permitir la participación efectiva de aquellos identificados como en desventaja o vulnerables;[5]

- **Realizar consultas con las comunidades locales que puedan verse afectadas.** Dichas consultas deben realizarse de manera continuada, de buena fe y con la debida observancia de los estándares internacionales citados en el Anexo B. Dichas consultas deben realizarse también por cualquier modificación en las operaciones;[6]

- Organizar procesos de consulta y de toma de decisiones **sin intimidación**, en un clima de confianza, antes de tomar decisiones, y responder a las contribuciones tomando en consideración los desequilibrios de poder existentes entre las diversas partes;[7]

- Donde sea necesario, esforzarse por **proporcionar asistencia técnica y legal** a las comunidades afectadas para participar en el desarrollo de proyectos no discriminatorios, junto con instituciones representativas de las comunidades locales y en colaboración con dichas comunidades;

- Tomar en **completa y justa consideración** los puntos de vista expresados durante las consultas, permitir un tiempo suficiente entre la notificación y la consulta pública sobre las operaciones propuestas para que las comunidades afectadas preparen su respuesta, e informar a aquellas partes afectadas sobre la forma en que se han considerado sus inquietudes;[8]

- **Documentar e implementar los acuerdos resultantes de las consultas**, incluyendo el establecimiento de un proceso por medio del cual los puntos de vista e inquietudes de la comunidad puedan ser registrados de manera adecuada. Si bien son preferibles las declaraciones por escrito, los puntos de vista de los miembros de la comunidad pueden registrarse también por medio de video o audio, o de cualquier otra forma adecuada, sujeto al consentimiento de las comunidades;[9]

- En la medida de lo posible, verificar que los **representantes de la comunidad** representen los puntos de vista de la mayor cantidad de actores interesados, y que se pueda confiar en dichos representantes para comunicar fielmente los resultados de las consultas con los miembros de la comunidad;

- Al realizar **evaluaciones de impacto**, establecer mecanismos para la participación de las comunidades, incluyendo grupos vulnerables, en el diseño e implementación de las evaluaciones, identificar a los actores sujetos a responsabilidad, responsables de reparación, aseguramiento y compensación, y establecer un proceso de revisión y apelaciones.[10]

1.3 Evaluación de impacto

Riesgos

Las empresas pueden evitar o, cuando esto no sea posible, mitigar los impactos adversos reales o potenciales de sus operaciones, procesos, bienes y servicios al evaluar los riesgos de dichos impactos sobre el ciclo de vida completo de forma continua. Dichas evaluaciones pueden permitirles desarrollar un enfoque integral y prospectivo sobre la gestión de riesgos, incluyendo los riesgos que surjan de las operaciones de sus socios de negocios.[11]

Medidas para la mitigación de riesgos

- Incluir las **siguientes etapas** en una evaluación de impacto:

  1. Diagnóstico, es decir, determinar qué propuestas serán sujetas a la evaluación de impacto, para excluir aquellas que tienen poca probabilidad de producir impactos adversos e indicar el nivel de evaluación requerido;

  2. Análisis de alcance, es decir, definir el enfoque de la evaluación de impacto y los temas clave a estudiar;

  3. Análisis del impacto;

4. Identificación de medidas de mitigación, incluyendo, conforme resulte adecuado a partir de las circunstancias: no proceder con las operaciones, encontrar alternativas para evitar los impactos adversos, incorporar salvaguardas en el diseño de las operaciones, o proporcionar una compensación monetaria y/o no monetaria por los impactos adversos.

- Cubrir, en la medida adecuada, los siguientes **impactos probables** (puede ser relevante no cubrir solamente los impactos adversos sino también los impactos positivos con la finalidad de impulsar aquellos) al aplicar una evaluación de impacto ambiental, social y de derechos humanos (EIASDH):

  - Impactos ambientales, como los que afectan al suelo, agua, aire, bosques y la biodiversidad;[12]

  - Impactos sociales que puedan afectar el bienestar, vitalidad y viabilidad de las comunidades afectadas, incluyendo la calidad de vida medida en términos de distribución del ingreso, integridad física y social, y protección de las personas y las comunidades, niveles y oportunidades de empleo, salud y bienestar, educación, y disponibilidad y estándares de vivienda y alojamiento, infraestructura, servicios;

  - Impactos en los derechos humanos que puedan afectar, por ejemplo, el disfrute de los derechos económicos, sociales, culturales, civiles y políticos de las comunidades afectadas;

  - Impactos sobre el patrimonio cultural, modo de vida, valores, sistemas de creencias, idioma(s), costumbres, economía, relaciones con el ambiente local y especies en particular, organización social y tradiciones de las comunidades afectadas;

  - Impactos sobre las mujeres tomando en consideración su papel como proveedoras de alimentos, guardianas de la biodiversidad y titulares de conocimiento tradicional;[13]

  - Impactos sobre el bienestar animal.

- Invitar a las **comunidades afectadas** a involucrarse en la aplicación de la evaluación de impacto, solicitarles información y proporcionarles retroalimentación continua a lo largo de todas las etapas de la evaluación de impacto.[14]

- Evaluar los riesgos e impactos en el contexto del área de influencia del proyecto donde el mismo implique elementos físicos, aspectos e instalaciones que probablemente pudieran ocasionar impactos.[15]

1.4 *Participación en los beneficios*

Riesgos

Para evitar el riesgo de generar oposición local y para reducir los costos de transacción, las empresas deben explorar formas de maximizar los impactos positivos de sus operaciones en las comunidades locales. La participación de diversos actores interesados en las consultas sobre los beneficios de sus operaciones puede producir confianza, ayudar a asegurar la aceptación local y crear alianzas a largo plazo entre las partes al mismo tiempo que se evita el conflicto. Asegurar que las operaciones beneficien a estos actores puede facilitar también la identificación de ubicaciones aceptables para las operaciones y aprovechar el conocimiento local para asegurar un uso óptimo del potencial agroecológico (FAO, 2010; ONU, 2009).

Participar en los beneficios está separado (y puede ser adicional) a la compensación de impactos adversos inevitables; se enfoca en la construcción de una colaboración entre la empresa y los pueblos indígenas o las comunidades locales en reconocimiento de su contribución a las operaciones. En circunstancias específicas, los pueblos indígenas o las comunidades locales pueden tener derecho a compartir los beneficios que surgen de las operaciones si las empresas utilizan su tierra, recursos o conocimiento.[16] Dichos beneficios pueden ser monetarios o no monetarios[17] conforme a lo acordado entre la empresa y la comunidad como parte del proceso de consulta. La decisión sobre los tipos de beneficios puede ser informada por medio de las EIASDH.[18]

Sin embargo, también existen riesgos asociados con la participación. Las empresas enfrentan riesgos de conflicto con los pueblos indígenas cuando, después de negociar acuerdos de participación de beneficios, los mismos no se comparten en realidad con toda la comunidad sino que se concentran en un grupo específico de actores involucrados. La participación de los beneficios puede acordarse con un grupo específico de la comunidad, pero no con la totalidad de la comunidad lo cual lleva a la exclusión de ciertas comunidades. Dichos riesgos pueden mitigarse a través de la participación significativa de los actores en el proceso de debida diligencia.

Medidas de mitigación de riesgos

- Esforzarse por **identificar oportunidades** para los beneficios de desarrollo, tales como: la creación de vínculos locales hacia adelante y hacia atrás y de trabajos locales con ambientes de trabajo seguros; la diversificación de oportunidades para generar ingresos; desarrollo de capacidades; adquisiciones locales; transferencia de tecnología; mejoras en la infraestructura local; mejor acceso al crédito y mercados, particularmente para pequeñas y medianas empresas; pagos por servicios ambientales; asignación de utilidades; o creación de fideicomisos;[19]

- Asegurar que las operaciones estén **alineadas con las prioridades de desarrollo** y los objetivos sociales del gobierno receptor;[20]

- Compartir los **beneficios monetarios y no monetarios** que surjan de las operaciones que involucren tierras recursos y conocimiento propiedad de pueblos indígenas, con base en el proceso de consulta y las EIASDH, de forma que no se beneficie de forma injusta a ciertos grupos, sino que fomente un desarrollo social equitativo y sostenible.[21]

1.5 Mecanismos de reclamo

Riesgos

Sobre los mecanismos de reclamo a nivel operativo diseñados como sistemas de alerta temprana, que permitan concientizar sobre el riesgo que ofrece un medio local, simplificado y mutuamente beneficioso para resolver cuestiones entre empresas y comunidades afectadas, incluyendo titulares de derechos de tenencia de la tierra, al ayudar en la solución de disputas menores de manera rápida, no costosa y justa antes de que sean elevadas a mecanismos formales de solución de controversias, incluyendo tribunales judiciales (CFI, 2009). Pueden brindar retroalimentación valiosa para las empresas al: funcionar como un sistema de alerta temprana para problemas de mayor dimensión, brindar puntos de vista de individuos que resalten las oportunidades de mejora en las operaciones de empresa o sistemas de gestión, e indicar posibles cambios sistémicos para asegurar que ciertas reclamaciones no vuelvan a ocurrir (CAO, 2008).

Medidas de mitigación de riesgos

- **Elevar** el mecanismo de reclamo de acuerdo con los riesgos e impactos adversos de las operaciones, con miras a buscar prontamente la solución a las inquietudes, utilizando un proceso consultivo comprensible, transparente, culturalmente adecuado y de fácil acceso, sin retribución a la parte que originó el tema o inquietud;[22]

- **Involucrarse con los actores afectados** en cuanto al diseño y desempeño del mecanismo para asegurar que cubra sus necesidades, que lo usarán en la práctica, y que existe un interés compartido por asegurar su éxito;[23]

- Evitar el uso de mecanismos de reclamo establecidos por las empresas para **impedir el acceso** a mecanismos de reclamo judiciales o no judiciales, incluyendo los PNC de conformidad con las Directrices OCDE, o para debilitar el papel de los sindicatos en la atención de las controversias relativas al mundo laboral.[24]

Además, el criterio de efectividad de los mecanismos de reclamo no judiciales contenidos en los Principios Rectores de Naciones Unidas (Principio 31) proporcionan un punto de referencia importante: los mecanismos de reclamo no judiciales, tanto estatales como no estatales, deben observar los criterios detallados en la Tabla A.1 para ser efectivos.

Tabla A.1. **Características de los mecanismos efectivos de reclamo**

Legítimo	Permite la generación de confianza por parte de los grupos de actores interesados para quienes se prevé el uso, y la rendición de cuentas sobre la conducción imparcial de los procesos de reclamación
Accesible	Ser conocido por todos los grupos de actores interesados para quienes se prevé el uso, y proporcionar una asistencia adecuada para aquellos que puedan enfrentar barreras particulares en cuanto al acceso
Predecible	Proporcionar un procedimiento claro y conocido con un tiempo indicado para cada etapa, y claridad sobre los tipos de proceso y resultados disponibles y los medios para la implementación del monitoreo
Equitativo	Buscar asegurar que las partes agraviadas cuenten con acceso razonable a las fuentes de información, asesoría y experiencia necesarias para participar en un proceso de reclamación en términos justos, informados y respetuosos
Transparente	Mantener a las partes de una reclamación informadas sobre su avance, y proporcionar información suficiente acerca del desempeño del mecanismo para generar confianza en su efectividad y cubrir cualquier interés público en juego
Compatible con los derechos existentes	Asegurar que los resultados y reparaciones estén de acuerdo con los derechos humanos internacionalmente reconocidos
Una fuente de aprendizaje continua	Basarse en medidas relevantes para identificar lecciones para mejorar el mecanismo y evitar futuras reclamaciones y daños
Basado en la participación y el diálogo	Consultar a los grupos de actores interesados para quienes se prevé el uso sobre el diseño y desempeño, y enfocarse en el diálogo como el medio para atender y resolver las reclamaciones

Fuente: Principios Rectores de Naciones Unidas, Principio 31.

2. Derechos humanos

Riesgos

Las empresas corren el riesgo de no respetar los derechos humanos cuando ocasionan o contribuyen a impactos adversos contra los derechos humanos dentro del contexto de sus actividades y no atienden dichos impactos cuando ocurren. Deben prevenir o mitigar los impactos adversos a los derechos humanos que estén directamente vinculados con sus operaciones de negocio, productos o servicios por medio de una relación de negocios.[25] La responsabilidad de las empresas de respetar los derechos humanos existe independientemente de las capacidades y/o disposición de los estados de cumplir con sus obligaciones relativas a los derechos humanos y no disminuye estas obligaciones.[26] Si las leyes nacionales no están suficientemente desarrolladas o implementadas, las empresas deben aplicar la debida diligencia reforzada para la identificación y atención de los riesgos existentes de impactos adversos contra los derechos humanos.

La interdependencia de todos los derechos humanos, incluyendo los derechos económicos, sociales, culturales, civiles y políticos deben de ser considerados. Las empresas deben revisar con regularidad sus responsabilidades relativas a los derechos humanos para comprender de forma cualitativa si quizá no están respetando los derechos humanos, incluyendo aquellos que no sean específicamente mencionados o descritos en la presente Guía.

Medidas de mitigación de riesgos

- Identificar a los titulares de derechos potencialmente afectados por las operaciones de la empresa y sus socios de negocios. Esto generalmente conlleva la realización de una revisión profunda para hallar hechos sobre las operaciones y relaciones actuales y potenciales de la empresa, y posteriormente evaluar de forma cualitativa dichas operaciones contra los estándares de derechos humanos para identificar a los actores cuyos derechos puedan ser afectados. Las consultas proactivas con los actores relevantes son necesarias para comprender a cabalidad todos los impactos adversos potenciales de las operaciones y relaciones de la empresa;[27]

- Llevar a cabo la debida diligencia de derechos humanos al evaluar los impactos reales y potenciales contra los derechos humanos,[28] integrar y actuar de conformidad con los hallazgos, rastrear las respuestas y comunicar la forma en que se atienden los impactos. La debida diligencia de derechos humanos es un ejercicio continuo, reconociendo que los riesgos a los derechos humanos pueden cambiar con el paso del tiempo a medida que evolucionan las operaciones y el contexto operativo;[29]

- Asegurar que todos los actores involucrados sean tratados de forma justa, particularmente los grupos en situaciones vulnerables como mujeres, jóvenes, discapacitados y minorías, reconociendo sus respectivas situaciones, restricciones y necesidades;[30]

- Reconocer el papel vital que juegan las mujeres en la agricultura y tomar las medidas adecuadas para eliminar la discriminación en contra de las mujeres y ayudar a asegurar su completo desarrollo y avance profesional,[31] incluyendo la facilitación a un acceso y control equitativo sobre recursos naturales, insumos, herramientas productivas, servicios de asesoría y financieros, capacitación, mercados e información.[32]

3. Derechos laborales

Riesgos

Las empresas pueden traer beneficios sustanciales a los países receptores y las a sociedades al contribuir al bienestar económico y social mejorando los estándares de vida y creando oportunidades atractivas de empleo, además, facilitando los beneficios del cumplimiento de los derechos humanos y laborales. Además de asegurar los estándares laborales clave para sus trabajadores, pueden ayuda a mejorar las condiciones de los trabajadores informales, incluyendo las empresas de producción agrícola de subsistencia.

Los Estados Parte del Pacto Internacional de Derechos Económicos, Sociales y Culturales (PIDESC) reconocen los derechos al goce de condiciones justas y favorables de trabajo (Artículo 7) y a formar sindicatos (Artículo 8). El Pacto Internacional de Derechos Civiles y Políticos (PIDCP) también protege el derecho a los sindicatos, a formarse y unirse. Los convenios internacionales del trabajo[33] también mencionan los derechos relativos al trabajo.[34] Si bien los tratados de derechos humanos tales como el PIDESC y el PIDCP se dirigen a los estados, las empresas pueden impactar de manera negativa el goce de los derechos contenidos en tales instrumentos. Por tanto, tienen un papel importante en el apoyo a la realización progresiva de dichos derechos. El respeto a los derechos laborales contenidos en estas convenciones, incluyendo los ocho convenios fundamentales de la OIT, puede ayudar a las empresas a minimizar los impactos negativos y maximizar los positivos. Por ejemplo, establecer un diálogo genuino con representantes de trabajadores elegidos libremente permite tanto a los trabajadores como a los empleadores comprender mejor los desafíos de ambas partes y encontrar maneras para resolverlos (OIT, 2006).

Sin embargo, el respeto a los derechos laborales en el sector agrícola puede ser un desafío, debido a que tanto el empleo independiente como el empleo pagado se mantienen en la informalidad, y muchos trabajadores agrícolas están excluidos del alcance de las normas laborales (ONU, 2009). El 60% de los menores, con edades comprendidas entre los 5 y 17 años trabajan en la agricultura (OIT, 2011a). Las condiciones de trabajo y de vida de los trabajadores en plantaciones han sido también una fuente continua de preocupación, particularmente en pruebas obligatorias de embarazo, servidumbre por deudas, y riesgos de salud vinculados al amplio uso de plaguicidas (ONU, 2009).

Los grupos marginados, como las mujeres, jóvenes o pueblos indígenas así como trabajadores migrantes, además de los trabajadores empleados de forma temporal, o los trabajadores informales con frecuencia enfrentan condiciones laborales abusivas o insalubres (ONU, 2009). La situación de las mujeres implica riesgos específicos: en los países en desarrollo, 43% de la fuerza de trabajo agrícola se compone de mujeres pero la agroindustria tiende a codificar las tareas femeninas como no cualificadas o no especializadas, emplean a las mujeres para tareas de trabajo intenso y les pagan menos que a los hombres con menos oportunidades de progreso (OIT, 2011b).

Las violaciones a los derechos laborales fundamentales puede llevar a la generación de tensiones sociales negativas que pueden afectar al desempeño de la empresa. Una empresa que utiliza prácticas de empleo y ocupación discriminatorios limita su acceso a los talentos de una variedad más amplia de habilidades y competencias. El sentido de injusticia y resentimiento generado por la discriminación puede afectar el desempeño de los trabajadores (OIT, 2008).

Medidas de mitigación de riesgos[35]

Protección de los trabajadores

- Ser guiados a través de las operaciones por medio del **principio de igualdad de oportunidades y tratamiento en el empleo** y no discriminar a los trabajadores con respecto al empleo u ocupación derivado de raza, color, orientación sexual o identidad de género, religión, opinión política, nacionalidad o social, o cualquier otra condición, la selección de los trabajadores que promueva políticas gubernamentales establecidas con mayor igualdad de oportunidades de empleo o se relacionen con los requisitos inherentes de un trabajo; hacer que las calificaciones, habilidades y experiencia sean la base del reclutamiento, colocación, capacitación y ascenso del personal en todos los niveles;[36]

- Respetar la **edad mínima** para la admisión al empleo o trabajo con la finalidad de asegurar la abolición efectiva del trabajo infantil;[37]

- Evitar el uso o beneficio del **trabajo forzado**, que consiste en cualquier labor o servicio que no sea desempeñado de forma voluntaria y sea exigido a un individuo bajo amenaza de uso de la fuerza o castigo;

- **Monitorear** la cadena de suministro primario de forma continua con el objeto de identificar cualquier cambio significativo o nuevos riesgos o incidentes de trabajo infantil y/o forzado, y trabajar con proveedores primarios para realizar acciones correctivas y repararlas.[38]

Condiciones dignas de trabajo

- Cumplir con los **estándares de empleo** y relaciones industriales no menos favorables a aquellos que apliquen otros empleadores comparables. En caso de que no existan empleadores comparables en el país donde la empresa opera, brindar los mejores salarios, prestaciones y condiciones de trabajo posibles dentro del marco de las políticas gubernamentales. Estos deben ser por lo menos adecuados para satisfacer las necesidades básicas de los trabajadores y sus familias;[39]

- Esforzarse en brindar **empleo estable** para los trabajadores, y cumplir con las obligaciones libremente negociadas relativas a la estabilidad de empleo y seguridad social;[40]

- Al considerar los cambios en las operaciones que podrían tener efectos de gran dimensión en el empleo, dar **notificación razonable de dichos cambios** a los representantes de los trabajadores y, cuando sea adecuado, a las autoridades gubernamentales competentes, y cooperar con ellos para mitigar, en la mayor medida posible, los efectos adversos.[41]

Representación de los trabajadores y contratos colectivos

- Reconocer la importancia de un **clima de entendimiento y confianza mutuos** que sea favorable a las aspiraciones de los trabajadores;[42]

- Reconocer que los trabajadores, sin discriminación de ningún tipo, tienen el derecho a **constituir y unirse a organizaciones** de su elección sin autorización previa;

- Establecer sistemas para **consulta y cooperación** regular entre empleadores y trabajadores y sus representantes sobre temas de mutuo interés, así como con las autoridades competentes para asegurar el cumplimiento de las políticas nacionales de desarrollo social;

- Establecer sistemas para proporcionar **información** regular a los trabajadores y sus representantes para respaldar negociaciones significativas sobre condiciones de empleo y para permitirles obtener una visión real y justa del desempeño de la empresa;[43]

- Evitar **acciones discriminatorias o disciplinarias** contra trabajadores que presenten reportes de buena fe a la directiva, o, como resulte adecuado a las autoridades públicas competentes sobre las prácticas que contravengan la ley, las Directrices OCDE, o las políticas empresariales;

- No amenazar con **transferir** todo o parte de una unidad operativa del país en cuestión o transferir a los trabajadores de las entidades que la integran en otros países con el propósito de influir de manera injusta en las negociaciones con los representantes de los trabajadores o para obstaculizar el ejercicio del derecho de los trabajadores a organizarse;

- No tomar represalias, interferir o discriminar a los **líderes sindicales**;[44]

- Permitir a los representantes sindicales autorizados que negocien **contratos colectivos o relaciones de gestión laboral**;

- Incluir en los acuerdos colectivos disposiciones para la **solución de controversias** que surjan sobre su interpretación y aplicación y para asegurar el respeto mutuo de derechos y obligaciones.[45]

Empleo local

- **Emplear** en la medida de lo posible **trabajadores locales**, incluyendo en los puestos directivos, y brindar capacitación con miras a mejorar los niveles de capacidades, en colaboración con los representantes de los trabajadores y, cuando resulte adecuado, con las autoridades gubernamentales relevantes.[46]

Capacitación

- Asegurar que se proporcione **capacitación adecuada** a los trabajadores en todos los niveles para cubrir las necesidades de las operaciones, en los casos apropiados, en colaboración con las autoridades de gobierno relevantes y las organizaciones de empleadores y trabajadores. Dicha capacitación deberá, en la medida de lo posible, desarrollar de forma general habilidades útiles y promover oportunidades profesionales;

- Cuando se opera en países en desarrollo, participar en programas de fomento por los gobiernos y apoyados por organizaciones de empleadores y trabajadores que buscan promover la **formación y desarrollo de habilidades** y proporcionar orientación vocacional;[47]

- Proporcionar programas de capacitación y educación adecuados para que los **jóvenes** aumenten su capacidad y/o acceso a un trabajo y potenciar el emprendimiento y el acceso a las mujeres a una mayor capacitación;[48]

- Cuando sea posible, hacer **disponibles los servicios de personal calificado** para ayudar en los programas de capacitación organizados por los gobiernos como parte de una contribución al desarrollo nacional.[49]

4. Salud y seguridad

Riesgos

Las actividades agrícolas con frecuencia implican algunas de las actividades más peligrosas para los trabajadores agrícolas, los que en ocasiones sufren accidentes o enfermedades laborales. La exposición al mal clima, el contacto cercano con animales o plantas peligrosas, uso amplio de productos químicos, malas posturas de trabajo, así como horarios extendidos, y el uso de herramientas y maquinaria peligrosas ocasionan problemas de salud (IFPRI, 2006). Ejemplo de ello puede verse en que la cantidad estimada de envenenamientos producidos por plaguicidas es de entre 2 y 5 millones de casos por año, de los cuales 40 mil son fatales (OIT, 2005 y 2011b). Los cambios en el uso de la tierra, la pérdida de áreas naturales de influencia, tales como humedales, manglares y bosques de altura que mitigan los efectos de los riesgos naturales (inundaciones, deslaves e incendios), o la disminución o degradación de los recursos naturales, incluyendo la reducción en calidad, cantidad y disponibilidad de agua natural, pueden producir un aumento en los impactos de las comunidades cercanas (CFI, 2012).

La salud humana puede estar en riesgo con niveles inseguros de riesgos biológicos, químicos o físicos en los alimentos. Estos riesgos se originan en terreno, por ejemplo a causa de los metales, dioxinas y toxinas naturales, prácticas agrícolas (es decir, residuos de medicamentos y plaguicidas, o un manejo deficiente del producto (es decir, mohos patógenos). Los riesgos físicos incluyen suciedad y plagas. Los sistemas de manejo seguro de alimentos, incluyendo un sistema de control completo "de la granja a la mesa" que incorpore medidas de bioseguridad y el uso de agua segura, pueden evitar estos riesgos.

La salud humana está estrechamente relacionada con la salud animal. El concepto de "Una Salud" está fundamentado en una concientización de las oportunidades relevantes que existen para proteger la salud pública por medio de políticas enfocadas en la prevención y control de patógenos a nivel de las poblaciones de animales, en la interfaz entre humanos, animales y el medio ambiente. Este concepto ha sido adoptado por numerosos gobiernos y ha llevado a medidas que buscan evitar enfermedades que afectan tanto a las personas como a los animales, y para asegurar un uso responsable de antibióticos para ambos.[50] El 60% de los organismos patógenos que ocasionan enfermedades infecciosas en humanos tienen origen animal. Estas enfermedades conocidas como zoonosis pueden transmitirse por animales domésticos o salvajes. Las enfermedades animales que son transmisibles a los humanos representan un riesgo mundial de salud pública. Una solución eficaz y económica para proteger a los humanos es combatir todos los patógenos zoonóticos por medio del control en la fuente animal.

El PIDESC dispone el cumplimiento progresivo del derecho a disfrutar del estándar más alto posible de salud física y mental (Artículo 12). El Comité de Derechos Económicos, Sociales y Culturales[51] interpreta este derecho como "un derecho inclusivo que se extiende no sólo a un cuidado de la salud oportuna y adecuada sino también a los elementos subyacentes de la salud, tales como el acceso al agua segura y potable y un saneamiento adecuado, un suministro adecuado de alimentos seguros, nutrición y vivienda, condiciones laborales y ambientales saludables, y acceso a educación e información relativas a la salud". El Comité establece que "el derecho a la salud, como todos los derechos humanos, impone tres tipos o niveles de obligaciones sobre los Estados Parte: las obligaciones de respetar, proteger y cumplir. Por otra parte, la obligación de cumplir implica obligaciones de facilitar, proporcionar y promover".[52]

Si bien los tratados de derechos humanos tales como el PIDESC se dirigen a los Estados, las empresas pueden impactar de manera negativa en el cumplimiento progresivo del derecho a disfrutar el estándar más alto posible de salud física y mental o debilitar las acciones del Estado Parte para que eso suceda. Por tanto, tienen un papel importante en el apoyo al cumplimiento progresivo de este derecho. Además de los riesgos de salud directos detallados con anterioridad, las operaciones agrícolas y los sistemas alimentarios pueden afectar la salud de los individuos de forma más indirecta.

Medidas para la mitigación de riesgos[53]

- Evaluar los **riesgos e impactos** para la salud y la seguridad de las comunidades afectadas durante las operaciones;

- Establecer **medidas preventivas y de control** que sean coherentes con las buenas prácticas internacionales de la industria,[54] y proporcionales con la naturaleza y magnitud de los riesgos e impactos identificados, tratando de evitar, y, en caso de no lograrlo, de minimizar los riesgos e impactos;

- Evitar o minimizar la exposición de los trabajadores, terceros y las comunidades a **materiales y sustancias peligrosas** que puedan resultar de operaciones producto de modificar, sustituir o eliminar la condición o material que ocasiona los riesgos potenciales, y al realizar esfuerzos razonables para controlar la seguridad de las entregas, traslado y disposición de materiales y desechos peligrosos;

- Evitar o minimizar la potencial exposición de la comunidad a **enfermedades** transmitidas, originadas o relacionadas con el agua, transmitidas por vectores y contagiosas, que puedan resultar de operaciones, tomando en consideración la exposición y una mayor sensibilidad de los grupos vulnerables;

- Apoyar y colaborar con las comunidades afectadas, órganos del gobierno local y otras partes relevantes, en sus preparativos para responder de forma efectiva a las **situaciones de emergencia**, especialmente cuando su participación y colaboración son necesarios para responder a dichas situaciones de emergencia;[55]

- Considerar el cumplimiento de los **estándares globales de seguridad alimentaria**, tales como el Codex Alimentarius,[56] y los estándares mundiales de salud animal, tales como los estándares OIE;[57]

- Promover la trazabilidad para asegurar la seguridad alimentaria y para facilitar también la gestión social y ambiental e incrementar la confianza.[58]

5. Seguridad alimentaria y nutrición

Riesgos

De conformidad con el PIDESC (Artículo 11), la alimentación adecuada es parte del derecho a un estándar adecuado de vida.[59] Los Estados Parte del PIDESC se comprometen a tomar medidas para hacer realidad de manera progresiva el derecho a un nivel adecuado de vida, incluyendo la alimentación adecuada. El PIDESC reconoce también el derecho fundamental de todas las personas a la libertad de no padecer hambre. Al reconocer este derecho, los Estados Parte deben considerar el tomar las medidas necesarias para mejorar los métodos de producción, conservación y distribución de alimentos, y tomar en consideración los problemas de los países que importan y que exportan alimentos. El

Comité de Derechos Económicos, Sociales y Culturales ha interpretado que estos derechos se llevarán a cabo "cuando todo hombre, mujer y niño, solo o en comunidad con otros, tengan acceso físico y económico en todo momento al alimento adecuado o a los medios para su adquisición". Establece que "el derecho a la alimentación adecuada, como cualquier otro derecho humano, impone tres tipos o niveles de obligaciones sobre los Estados Parte: las obligaciones de respetar, proteger y cumplir" y que "como parte de sus obligaciones de proteger la base de recursos de las personas para su alimentación, los Estados Parte deben tomar las medidas adecuadas para asegurar que las actividades del sector privado de negocios y la sociedad civil se ajustan al derecho a la alimentación".[60]

Las Directrices Voluntarias de la FAO para apoyar la realización progresiva del derecho a una alimentación adecuada en el contexto de la seguridad alimentaria nacional brindan directrices a los gobiernos para hacer realidad el derecho a la alimentación adecuada, las cuales pueden incluir promover la disponibilidad de alimentos en una cantidad y calidad suficiente para satisfacer las necesidades dietéticas de las personas, así como la accesibilidad física y económica para una alimentación adecuada, libre de sustancias inseguras y aceptable dentro de una cultura específica, o los medios para adquirirla. Las Directrices animan a los gobiernos a tomar medidas para asegurar que todos los alimentos, ya sea que se produzcan de forma local o sean importados, disponibles libremente o vendidos en mercados, sean seguros y de acuerdo con los estándares nacionales de seguridad alimentaria. También sugieren que los gobiernos establezcan sistemas de control de alimentos extensos y racionales que reduzcan el riesgo de enfermedades ocasionadas por alimentos, utilizando un análisis de riesgos y mecanismos de supervisión para asegurar la seguridad alimentaria en toda la cadena alimenticia, incluyendo la alimentación animal.

Si bien las Directrices Voluntarias de la FAO están dirigidas a los estados, las empresas tienen un papel importante. Las inversiones agrícolas han aumentado después del aumento en los precios alimentarios en 2008, particularmente para responder a una creciente demanda de alimentos – se estima que la producción mundial de alimentos deberá aumentar en un 60% para el año 2050 con el objeto de cumplir con la demanda proyectada. En tanto que dichas inversiones mantienen la promesa de una producción en aumento, reducción de la pobreza e impulso al desarrollo económico, también puede menoscabar el acceso al alimento de varias formas. Uno de los impactos adversos más prominentes puede derivarse de la adquisición de grandes extensiones de terreno y, en el proceso, desplazar comunidades de esos lugares, o evitar su acceso a los mismos (FAO, 2010).

Medidas de mitigación de riesgos

- En la medida de lo posible, **considerar los impactos en las operaciones** sobre la disponibilidad y el acceso al alimento, empleo local, preferencias dietéticas y estabilidad en el suministro del alimento, incluyendo al involucrar los gobiernos locales y otros actores relevantes;

- Cuando resulte adecuado, **identificar las inquietudes relacionadas con la alimentación** de los diferentes actores involucrados y evaluar las estrategias para cumplir con los objetivos de inversión al mismo tiempo que se respetan estas inquietudes, a través de consultas con los actores relevantes;

- En la medida de lo posible, **ajustar el diseño del proyecto** para atender las preocupaciones sobre impactos negativos en materia de seguridad alimentaria y nutrición, por medio de, por ejemplo: considerar inversiones alternativas factibles si las inversiones propuestas pudieran generar el desplazamiento físico y/o económico de las comunidades locales; recuperar las tierras degradada; seleccionar tierra que no haya sido utilizada previamente para el desarrollo de actividades agrícolas y que no sea ambientalmente sensible; o mejorar la productividad agrícola por medio de la intensificación sostenible para contribuir a la seguridad alimentaria y la nutrición;

- En la medida de lo posible, **considerar la contribución** para mejorar el acceso al alimento y la adaptación y nutrición[61] de la población local por medio de: aumentar la producción de alimentos seguros, nutritivos y diversos y promover el valor nutritivo de los alimentos y productos agrícolas, facilitar el acceso a los insumos, tecnología y mercados, generar empleo en las actividades de la parte final de la cadena de suministro, o colocar instalaciones de almacenamiento comunitario para reducir las pérdidas posteriores a la cosecha y la volatilidad de precios.[62]

6. Derechos de tenencia y acceso a recursos naturales

Riesgos

El riesgo de tenencia de la tierra, que surge cuando se superponen diversos reclamos sobre la tierra, representa un riesgo estadísticamente importante en las inversiones de concesión en economías emergentes (Proyecto Munden, 2013). Sin duda, entre las 39 inversiones agrícolas de gran escala analizadas por el Banco Mundial y la CNUCYD, la tenencia de la tierra fue identificada como la causa más común de reclamos por parte de las comunidades afectadas, particularmente debido a las disputas sobre la tierra en la que las comunidades tenían derechos de tenencia informales y a la falta de transparencia, especialmente en las condiciones y el proceso para la adquisición de la tierra (BM, 2014). En 2013, la mitad de los asuntos que surgieron en las cartas de queja recibidas por el Ombudsman y Asesor en Materia de Observancia para la Corporación Financiera Internacional (CFI) y el OMGI (CAO)[63] estaba relacionada con la tierra. Además, desde el año 2000, casi una cuarta parte de todos los casos tramitados por el CAO tiene un componente de tierra y otro de agua. La presión cada vez mayor sobre estos recursos ocasiona preocupaciones sobre su acceso, su cantidad y su gestión, y tanto la tierra como el agua usualmente están entrelazadas con un sentido de cultura e identidad. En las quejas del CAO relativas a la tierra, los principales reclamos presentados por las personas son la adquisición de la tierra (22%), compensación (33%), y reinstalación (32%) (CAO, 2013).

La industria de alimentos y bebidas se encuentra en segundo lugar detrás de la industria de la extracción como receptora de acusaciones por parte de la sociedad civil por la falta de una adecuada consideración de los derechos relativos al acceso a la tierra y el agua (CE, 2011).[64] La tierra no debe ser percibida solamente como un activo de producción. También deben reconocerse sus roles ambiental y socio-cultural; la tierra puede ser una fuente de diversos servicios del ecosistema, incluyendo agua potable y para riego, y también como una red segura y un seguro de vejez para los agricultores. La tierra puede también jugar un papel importante en las prácticas sociales, culturales o religiosas de los pueblos indígenas y las comunidades locales.

Aunque los estados tienen la responsabilidad principal de proteger los derechos de tenencia, las empresas deben asumir que el marco legal podría no ser siempre el adecuado. Sin duda, un estimado del 70% de las unidades de tenencia de la tierra en los países en desarrollo no están registradas formalmente (ONU HABITAT 2015; McDermott et. al., 2015). Por tanto, las empresas deben asegurar de manera proactiva que se respeten los derechos legítimos de tenencia. En particular, deben considerarse los siguientes riesgos:

- Los riesgos surgen cuando la legislación nacional no refleja el alcance total de los derechos legítimos de tenencia de la tierra o cuando dichas leyes no se implementan de forma eficaz. Por ejemplo, los sistemas nacionales de expedición de títulos y de registro pueden ser inadecuados, no proteger los derechos de tenencia de los usuarios de la tierra, particularmente mujeres, y proporcionar información incompleta a las empresas en cuanto a las reclamaciones relevantes sobre la tierra. Los derechos de tenencia pueden ser más complicados cuando la tierra se usa sólo por temporadas y puede parecer sin usar, por ejemplo, si ha sido abandonada por personas desplazadas internamente o si ha sido utilizada para pasto de animales, forraje o agricultura itinerante. Las empresas pueden entonces excluir de las consultas a ciertos titulares de derechos (ya sean grupos o individuos legales o consuetudinarios, primarios o secundarios, formales o informales) que puedan verse afectados de forma adversa por estas actividades (OCDE, 2011);

- Los riesgos pueden aumentar si los estados no establecen reglas claras y transparentes para las consultas entre las empresas y los actores interesados, o salvaguardas para proteger los derechos de tenencia existentes de los riesgos que surgen de las transacciones a gran escala sobre derechos de tenencia. En particular, las empresas podrían estar en riesgo si las reglas a nivel nacional no se implementan o no son suficientes para: (i) asegurar una participación adecuada de buena fe y en una forma culturalmente adecuada con los titulares de los derechos de tenencia, e (ii) identificar las modalidades bajo las que la tierra y otros recursos naturales serán transferidos y utilizados, incluyendo el uso de evaluaciones de impacto ex-ante y ex-post independientes y participativas, y/o las modalidades para obtener la reparación (ONU, 2009). Una falta de inclusión en las consultas sobre las adquisiciones de la tierra puede generar tensiones y posibles conflictos entre las empresas y las comunidades, que podrían sentirse excluidas del proceso y contravenir los derechos de las empresas (FAO, 2013);

- Si bien los gobiernos tienen la responsabilidad prioritaria de brindar una compensación pronta, adecuada y efectiva a los anteriores titulares legítimos de derechos de tenencia sobre la tierra al expropiar esta última, las empresas tienen responsabilidades de asegurar que sus operaciones no ocasionen la reubicación de las comunidades locales sin aplicar consultas significativas o bien realizar traslados forzados sin una compensación adecuada. De conformidad con los VGGT, los estados deben expropiar solamente cuando los derechos de tenencia se requieran para una utilidad pública y deben definir claramente el concepto de utilidad pública en la ley con el objeto de permitir una revisión judicial. Sin embargo, en muchos países en desarrollo, la definición es confusa y/o amplia para la utilidad pública, la falta de planos para el uso de la tierra, los altos niveles de corrupción en el manejo de la tierra y la especulación sobre la misma, llevan a expropiaciones ilegales. Dicha expropiación puede precipitar la pérdida de los medios de sustento de comunidades locales, o un acceso más limitado a la tierra y otros recursos naturales clave, lo cual genera privación nutricional, polarización social, pobreza arraigada o inestabilidad política.[65] Por tanto, puede impedir el acceso a alimentos adecuados. Dicha expropiación puede también afectar los derechos de los pueblos indígenas conforme a lo establecido por la Declaración de Naciones Unidas sobre los Derechos de los Pueblos Indígenas. Las empresas pueden ser impactadas negativamente en su reputación y operaciones si están conectadas con una expropiación en la que el gobierno no haya realizado consultas adecuadas con las comunidades locales u obtenido el consentimiento libre, previo e informado de los pueblos indígenas y no haya provisto una debida compensación. Esto probablemente genere tensiones y conflictos entre las empresas y las comunidades que se sientan excluidas o tratadas de manera injusta (FAO, 2013). En tales casos, las empresas deben considerar las opciones de retirarse de las operaciones planeadas.

El nivel de riesgos de tenencia de la tierra depende del tipo de inversiones. Para las inversiones en nuevas instalaciones, debe llevarse a cabo una rigurosa debida diligencia para asegurar que las posibles expropiaciones realizadas a las comunidades locales no hayan sido efectuadas para fines privados y sin una compensación justa y en los tiempos establecidos legalmente. En el caso de las inversiones en proyectos existentes, conjuntos o en fusiones y adquisiciones, los operadores previos podrían haber otorgado derechos sobre tenencia de la tierra y se podrían haber heredado conflictos sobre la tierra. En consecuencia, la debida diligencia debe asegurar que la adquisición de estos derechos respetó los estándares establecidos en esta Guía, particularmente en razón de que los VGGT fueron adoptados apenas en 2012. La inversión en proyectos existentes brinda a las empresas una oportunidad para asegurarse de que los derechos de tenencia de la tierra se hayan adquirido adecuadamente, y si no fuere así, para encontrar maneras de compensar a los actores afectados, y para colaborar de nuevo con las comunidades locales para explorar nuevos modelos de asociación.

Medidas para la mitigación de riesgos

- **Identificar a los titulares de derechos** – que comprende no sólo a los titulares de derechos de tenencia oficialmente reconocidos, sino también a los titulares de derechos públicos, privados, comunitarios, colectivos, indígenas y consuetudinarios que podrían no estar oficialmente registrados y contar con un título, incluyendo los derechos de tenencia de las mujeres – y otros actores relevantes, incluyendo a través de consultas locales y abiertas;[66]

- **Establecer un comité** que represente a los actores relevantes para asesorar sobre las evaluaciones de impacto, particularmente en las etapas iniciales (diagnóstico y definición del alcance) y sobre la administración, monitoreo y planes de contingencia. Debe ponerse especial consideración para asegurar la adecuada representación de los pueblos indígenas, comunidades locales y grupos marginados;[67]

- Considerar inversiones alternativas viables si las inversiones propuestas ocasionan el **desplazamiento físico y/o económico** de comunidades locales, reconociendo que los estados deben expropiar solamente en los casos en que los derechos sobre la tierra, pesca o bosques se requieren por causas de utilidad pública y que deben definir claramente el concepto de la utilidad pública en la ley;[68]

- Cuando los titulares de derechos de tenencia son impactados de manera negativa por las operaciones, trabajar con el gobierno para asegurar que los titulares de derechos reciban una **compensación** justa, pronta y adecuada para aquellos titulares de derechos impactados negativamente por las operaciones, a través de:

  - realizar consultas de buena fe, eficaces y significativas sobre la compensación ofrecida y asegurar la aplicación coherente y transparente de los estándares de compensación;

  - dar preferencia a la compensación basada en la tierra, que sea proporcional en calidad, tamaño y valor, o bien proporcionar compensación del costo total por el reemplazo de los activos perdidos – incluyendo activos distintos a la tierra (cultivos, recursos acuíferos, infraestructura de irrigación y mejoras al terreno) –

y otros apoyos para ayudarles a mejorar o restaurar su estándar de vida o medio de subsistencia;

    – monitorear la implementación del acuerdo de compensación.[69]

● Cuando la capacidad del gobierno sea limitada, jugar un papel activo en la planificación, implementación y monitoreo de la reubicación.[70]

7. Bienestar animal

Riesgos

Los riesgos significativos para el bienestar animal pueden surgir en las cadenas de suministro agrícola. Pueden estar relacionados con limitaciones en el espacio de establos individuales que restrinjan el movimiento de los animales, altas densidades de población en grupos que aumentan el potencial de transmisión de enfermedades y contacto perjudicial con otros, ambientes estériles/no cambiantes que generan problemas de comportamiento, dietas alimenticias que no satisfacen el hambre, procedimientos de cría animal que ocasionan dolor, y crianza para fines de producción que aumenten los desórdenes anatómicos o metabólicos. La falta de ganaderos expertos y capacitados podría ocasionar el aumento de estos riesgos (CFI, 2014).

Mejorar el bienestar animal puede tener un sentido comercial. La enfermedad es un buen ejemplo de una amenaza conjunta al bienestar animal y la sustentabilidad de los negocios. La OIE estima que la morbilidad y mortandad derivadas de enfermedades animales ocasionan la pérdida de al menos 20% de la producción global ganadera – lo cual representa al menos 60 millones de toneladas de carne y 150 millones de toneladas de leche con un valor aproximado de USD 300 mil millones por año. Además, la prosperidad en muchas partes del mundo ha aumentado las opciones del consumidor y también ha elevado las expectativas acerca de los estándares de producción alimenticia. Las encuestas en Europa y América del Norte hallaron que la mayoría de los consumidores se preocupan por el bienestar animal y señalan disposición a pagar una cantidad significativamente mayor por productos de origen animal que ellos perciben como provenientes de animales de granja criados de manera artificial. (CFI, 2014).

Las referencias al bienestar animal en los estándares y principios internacionales son escasas. Los principios rectores más detallados son desarrollados por la Organización Mundial para la Salud Animal (OIE). En 2008, los miembros de la OIE adoptaron una definición de bienestar animal con el propósito de aclarar a nivel internacional lo que ello implica.[71] El bienestar animal puede verse amenazado en cualquier tamaño de granja cuando las condiciones y/o manejo son inadecuados (RSPCA, 2014).

Los nueve estándares de la OIE abarcan desafíos específicos para el bienestar, incluyendo el transporte y sacrificio de animales, sistemas de producción para ganado bovino y aviar, el control de poblaciones de perros callejeros y el uso de animales en la investigación. Estos estándares se basan en evidencia científica y los principios fundamentales para el bienestar animal se conocen como las "cinco libertades": libertad de hambre, sed y desnutrición, de incomodidad física y térmica, de dolor, lesiones y enfermedades, de miedo y estrés, y libertad para expresar patrones normales de comportamiento.[72] El Departamento de Medio Ambiente, Alimentación y Asuntos Rurales del Reino Unido (DEFRA) ofrece un ejemplo de buenas prácticas al establecer estas cinco libertades. Como se subrayó en el prefacio del código de recomendaciones del DEFRA para el bienestar del ganado, las empresas que participan en la producción de animales deben demostrar: planeación y administración cuidadosa y responsable; prácticas ganaderas calificadas, expertas y conscientes; diseño ambiental adecuado; manejo considerado, transporte y sacrificio humano de los animales (DEFRA, 2003).

Además de los estándares de la OIE, la Unión Europea (UE) ha adoptado un conjunto detallado de leyes sobre bienestar animal, y el Artículo 13 del Tratado sobre el Funcionamiento de la Unión Europea reconoce que los animales son "seres sensibles".[73] En tanto que la mayoría de las reglas de la UE sobre bienestar animal se aplican solamente a los productores de la UE, los países terceros que deseen exportar carne hacia la UE deben establecer estándares equivalentes a los de la UE sobre el bienestar al momento del sacrificio. A mayor abundamiento, la UE está trabajando para generar convergencia en los estándares globales de bienestar animal a través de acuerdos internacionales de comercio. Se han desarrollado estándares adicionales y esquemas de certificación sobre bienestar animal por parte de empresas privadas, gobiernos y organizaciones de la sociedad civil.[74]

Medidas de mitigación de riesgos

- Evaluar los impactos presentes y potenciales sobre el bienestar animal, usando el marco de las **"Cinco Libertades"**;

- Asegurar que el **ambiente físico** permita un descanso cómodo, movimiento seguro, incluyendo cambios normales de postura, y la oportunidad de realizar los tipos de comportamiento natural que los animales se sienten motivados a realizar;

- Asegurar que los animales tengan **acceso a suficiente comida y agua**, de acuerdo con su edad y necesidades, para mantener una salud y productividad normales y evitar hambre, sed, desnutrición o deshidratación prolongada;

- Cuando no sea posible evitar **procedimientos dolorosos**, manejar el dolor generado en la medida que los métodos disponibles lo permitan;

- Asegurar que el **manejo de animales** promueva una relación positiva entre los humanos y los animales y que no ocasione lesiones, peligro, miedo duradero o tensión evitable;

- Utilizar **razas de ganado** adecuadas para el ambiente y las circunstancias de modo que puedan ser criadas sin producir enfermedades y otros problemas intrínsecos.[75]

8. Protección ambiental y uso sustentable de recursos naturales

Riesgos

Las actividades agrícolas pueden implementar prácticas amigables con el medio ambiente que mejoren los servicios de ecosistemas, particularmente al emplear técnicas de manejo de la tierra que conserven el suelo y la humedad, protegiendo cuencas, vegetación y hábitat de restauración, y conservando la biodiversidad. Sin embargo, las inversiones agrícolas que pretenden aumentar la producción agrícola a corto plazo pueden también generar la degradación del ecosistema a largo plazo, incluyendo la degradación del suelo, agotamiento de los recursos acuíferos, y pérdidas de bosques vírgenes y biodiversidad. Un estimado del 55-80% de la pérdida de bosques a nivel mundial se debe a la conversión de la tierra para uso agrícola (UNEP, 2015). Los problemas más comunes que surgen entre las 39 inversiones analizadas por el Banco Mundial y la CNUCYD en 2014 se relacionaban con el uso agroquímico, tales como contaminación del agua, desechos químicos y pulverización aérea. Además, las actividades agrícolas pueden generar impactos externos, incluyendo emisiones de gases invernadero, impactos en las cuencas o deforestación que ocurren lejos de la ubicación de las operaciones pero que están directamente vinculados con aquellas (FAO, 2010).

Los impactos ambientales adversos pueden originarse en la falta de evaluaciones de impacto ambiental adecuadas antes de la inversión y la ausencia de un sistema efectivo de gestión ambiental durante su implementación (FAO, 2011). La calidad, exhaustividad y disponibilidad al público de estas evaluaciones ha sido constantemente objeto de críticas en inversiones a gran escala (FAO, 2010). Los riesgos son más altos cuando la evidencia científica no es suficiente para evaluar completamente los impactos adversos. Los riesgos para las empresas también evolucionan rápidamente conforme avanzan los estándares internacionales sobre el uso y reciclado eficiente de recursos, reducción de emisiones, sustitución o reducción del uso de sustancias tóxicas, y conservación de la biodiversidad (OCDE, 2011; CFI, 2012).

Medidas de mitigación de riesgos

- Establecer y mantener un **sistema de gestión ambiental** adecuado a las características de la empresa, incluyendo: la recolección y evaluación adecuada y oportuna de información relativa a los impactos ambientales, de salud y seguridad de sus actividades; establecimiento de objetivos medibles y, cuando resulte adecuado, objetivos para mejorar el desempeño ambiental y la utilización de recursos, incluyendo el desarrollo de un plan integrado de manejo de plagas y/o fertilizantes;[76] y monitorear y verificar de forma regular el avance hacia los objetivos o metas ambientales, de salud y seguridad;[77]

- Establecer procedimientos para **monitorear** y medir la eficacia del sistema de gestión ambiental. Cuando el gobierno o un tercero tengan la responsabilidad de manejar riesgos e impactos ambientales específicos y medidas de mitigación, colaborar en el establecimiento y monitoreo de dichas medidas de mitigación. Cuando resulte adecuado, considerar el involucramiento de representantes de las comunidades afectadas para participar en las actividades de monitoreo;[78]

- **Atender** los impactos ambientales, de salud y relacionados con la seguridad que sean previsibles y estén relacionados con los procesos, bienes y servicios de la empresa durante todo el ciclo de vida con miras a evitar o, cuando ello sea inevitable, mitigarlos. En los casos en que estas actividades propuestas puedan tener impactos significativos ambientales, de salud o seguridad, o cuando estén sujetos a una decisión por parte de una autoridad competente, preparar una evaluación de impacto ambiental adecuada;[79]

- Cuando existe un riesgo de dañar el medio ambiente, evitar hacer referencia a la **falta de evidencia científica** como una razón para posponer las medidas rentables para prevenir o minimizar dichos daños, consistente con la comprensión científica y técnica de los riesgos, considerando los riesgos para la salud humana y la seguridad;[80]

- Mantener **planes de contingencia** para prevenir, mitigar y controlar daños graves en materia ambiental y de salud derivados de las operaciones, incluyendo accidentes y emergencias, y, cuando resulte aplicable, apoyar y colaborar con las comunidades potencialmente afectadas y las agencias del gobierno local para responder de manera efectiva a las situaciones de emergencia, incluyendo el establecimiento de mecanismos para reportar de manera inmediata a las autoridades competentes;[81]

- Tomando en consideración las inquietudes sobre costo, confidencialidad del negocio, y la protección de derechos de propiedad intelectual, brindar al público y a los trabajadores

información adecuada, medible y oportuna sobre los impactos ambientales, de salud y seguridad potenciales sobre las actividades de la empresa, y participar en una comunicación y consulta adecuada y oportuna con las comunidades directamente afectadas por las políticas ambientales, de salud y de seguridad de la empresa y por su implementación;[82]

- Tratar de evitar los impactos negativos, y apoyar la conservación de la **biodiversidad, recursos genéticos y servicios de ecosistemas**, y cuando no sea posible evitar tales impactos, implementar medidas para minimizar los impactos y restaurar la biodiversidad y los servicios de ecosistemas por medio de un enfoque de gestión adaptable;[83]

- Seleccionar el sistema de producción más adecuado, en colaboración con el gobierno si resulta aplicable, para mejorar **la eficiencia en el uso de recursos** al tiempo que se preserva la disponibilidad futura de los recursos actuales.[84] Esto implica esforzarse particularmente por:

  - Mejorar la **conservación del agua**, tratamiento de aguas residuales y eficiencia en el uso del agua, e invertir y utilizar tecnologías para alcanzar este objetivo;[85]

  - Mejorar el manejo de **insumos y productos agrícolas** para promover la eficiencia de la producción y minimizar las amenazas al medio ambiente y para la salud de plantas, animales y seres humanos;[86]

  - Reducir **el desperdicio y las pérdidas** en la producción y las operaciones posteriores a la cosecha y promover el uso productivo de los desechos y/o subproductos;[87]

  - Implementar medidas técnicas y financieramente viables y rentables para mejorar la eficiencia en el **consumo de energía**;[88]

  - Tomar medidas, conforme resulte adecuado, para reducir y/o retirar las **emisiones de gases de efecto invernadero**.[89]

9. Gobernanza

9.1 Corrupción

Riesgos

Si el gobierno no cuenta con legislación clara y correctamente aplicada sobre transparencia y combate a la corrupción, los riesgos para las empresas relacionados con la gobernanza son altos (OCDE, 2006). Los organismos gubernamentales encargados de las tierras se encuentran entre las entidades públicas más afectadas por la corrupción a nivel de servicios, ya que solamente la policía y el poder judicial presentan mayores niveles de corrupción (TI, 2011). Las empresas podrían tener que ofrecer ventajas indebidas para obtener acceso a grandes extensiones de terreno en detrimento de las comunidades locales que cuentan con derechos consuetudinarios sobre la tierra. La corrupción también puede afectar la asignación de créditos y subsidios gubernamentales, ya que los funcionarios públicos podrían cobrar derechos innecesarios al momento de otorgar créditos. La corrupción también puede aumentar el precio de los insumos agrícolas, ya que las empresas dedicadas a esta actividad pueden vender sus productos a los órganos de gobierno a precios elevados para dar a los funcionarios una parte de las ganancias.

Los actos de corrupción reducen los beneficios de la inversión agrícola o bien evitan que tales inversiones se concreten al aumentar el costo del acceso a los recursos, minimizar las sinergias con el desarrollo presente o futuro de infraestructura, y aumentar el potencial de conflicto (FAO, 2010). Pueden dañar la confianza de las comunidades locales en la empresa, misma que es esencial para el desarrollo de relaciones positivas a largo plazo.

Medidas de mitigación de riesgos

- Abstenerse de buscar o aceptar **exenciones** no contempladas en el marco normativo o regulatorio relativas a derechos humanos, medio ambiente, salud, seguridad, trabajo, impuestos y otros temas;

- Evitar ofrecer, prometer, dar o exigir, de manera directa o indirecta (a través de un tercero), **un soborno o cualquier otra ventaja indebida** para funcionarios públicos, trabajadores de los socios de negocios o sus familiares o socios de negocios, para obtener o mantener un negocio o cualquier otra ventaja indebida;

- Desarrollar y adoptar controles internos adecuados, programas de ética y cumplimiento o medidas para evitar y detectar la corrupción;

- Prohibir o desalentar, en **controles internos** de la empresa, programas o medidas de ética y cumplimiento, el uso de pagos pequeños para facilitar trámites, que son usualmente ilegales en los países donde se realizan, y, cuando se hagan dichos pagos, registrarlos de forma precisa en los libros y registros financieros;

- Asegurar que la debida diligencia relativa a la **contratación** de los funcionarios esté adecuadamente documentada, que su supervisión esté apropiada y regular, y que su remuneración sea adecuada;

- Abstenerse de cualquier participación inadecuada en **actividades políticas locales**;[90]

- Utilizar valores analizados de forma objetiva, procesos y servicios transparentes y descentralizados, y con derecho a apelación, para evitar la corrupción relativa a los **derechos de tenencia**, particularmente los derechos de tenencia consuetudinarios de los pueblos indígenas y comunidades locales;[91]

- Colaborar en los esfuerzos realizados por los gobiernos para implementar la **Convención de la OCDE** para Combatir el Cohecho a Funcionarios Públicos en Transacciones Comerciales Internacionales (Convención Anti-Cohecho de la OCDE).[92]

9.2 Impuestos

Riesgos

Las empresas pueden contribuir al desarrollo económico de los países receptores al realizar pagos oportunos de sus obligaciones fiscales. La gobernanza y cumplimiento con las obligaciones fiscales en sus sistemas de manejo de riesgos pueden asegurar que se identifiquen y evalúen por completo los riesgos financieros, regulatorios y de reputación relacionados con el pago de impuestos (OCDE, 2011). Como se demostró en campañas recientes enfocadas a grandes empresas, la evasión de impuestos puede aumentar el riesgo de reputación de la empresa.

Medidas de mitigación de riesgos

- Proporcionar a las autoridades **información oportuna** que sea relevante o requerida por ley para efectos de una correcta determinación de los impuestos a ser analizados en relación a sus operaciones;

- Ajustar las prácticas de **precios de transferencia** al principio de libre competencia;

- Adoptar **estrategias de gestión de riesgos** para asegurar que los riesgos financieros, regulatorios y de reputación relacionados con el pago de impuestos se identifiquen y evalúen a cabalidad.[93]

9.3 Competencia

Riesgos

Las prácticas anticompetitivas podrían no solamente afectar a los consumidores sino también debilitar el poder de negociación de los pequeños productores si no se verifica el poder excesivo de los compradores, y por tanto afectar la seguridad alimentaria y la nutrición (ONU, 2009). De manera similar, las prácticas de dumping de las grandes empresas que venden un producto con pérdida en un mercado competitivo pueden forzar a los competidores, incluyendo las pequeñas y medianas empresas, a salir del mercado. En los países donde las leyes y regulaciones de competencia no están suficientemente desarrolladas o implementadas, las empresas corren el riesgo de infringir los estándares de competencia si no ejercen un mayor cuidado a nivel directivo para evitar prácticas que constituyan un ejercicio indebido del poder del comprador, tales como la reducción retrospectiva en los precios sin notificación razonable o pagos injustificados impuestos sobre el proveedor debido a quejas del consumidor (OCDE, 2006).

Medidas de mitigación de riesgos

- Abstenerse de celebrar o implementar **acuerdos anti-competitivos** entre competidores;

- **Cooperar con las autoridades investigadoras en materia de competencia**, incluyendo basándose en las leyes aplicables y salvaguardias adecuadas, brindar respuestas tan pronto sea posible a las solicitudes de información, y considerar el uso de instrumentos disponibles, tales como renuncias a la confidencialidad cuando resulte adecuado, para promover la cooperación eficaz y eficiente entre las autoridades investigadoras.[94]

10. Tecnología e innovación

Riesgos

Promover y compartir tecnologías puede contribuir a crear un ambiente que apoye el respeto de los derechos humanos e impulse la protección al medio ambiente. Sin embargo, estudios empíricos sugieren que la transferencia real de tecnología en el sector agrícola es reducida. (CNUCYD, 2009).

En cuanto al material genético y al conocimiento tradicional de los pueblos indígenas, comunidades locales y granjeros, los Estados Parte de la CDB, el Tratado Internacional sobre Recursos Fitogenéticos para la Alimentación y la Agricultura y el Protocolo de Nagoya sobre Acceso y Participación en los Beneficios de la CDB contienen obligaciones específicas internacionales relacionadas con el acceso a los recursos genéticos y el conocimiento tradicional asociado. Las empresas pueden colaborar con los gobiernos para apoyar a estos en el cumplimiento de dichas obligaciones internacionales, o al menos a no obstaculizarlas, tomando en consideración las leyes aplicables sobre propiedad intelectual.

Medidas de mitigación de riesgos

- Esforzarse por asegurar que las actividades sean compatibles con las políticas y planes de ciencia y tecnología de los **países receptores** y, conforme resulte adecuado, contribuir al desarrollo de la capacidad innovadora local y nacional;

- Adoptar, cuando sea posible en el curso de las operaciones, prácticas que permitan la **transferencia y rápida difusión** de tecnologías, procedimientos de know-how y prácticas adaptadas localmente e innovadoras, habida consideración de la protección a los derechos de propiedad intelectual;[95]

- Sujeto a la legislación nacional y de acuerdo con los tratados internacionales aplicables, respetar el **derecho de los pequeños agricultores** a guardar, usar, intercambiar y vender recursos fitogenéticos, incluyendo las semillas, y reconocer el interés de los agricultores;[96]

- Cuando resulte adecuado, llevar a cabo trabajos de desarrollo de ciencia y tecnología en países en desarrollo que busquen afrontar las necesidades del **mercado local**, emplear personal local y fomentar su capacitación, considerando las necesidades comerciales;

- Al otorgar licencias para el uso de **derechos de propiedad intelectual** o cuando se transfiera tecnología de otro modo, hacerlo conforme a términos y condiciones razonables y de una forma que contribuya al desarrollo sostenible a largo plazo del país receptor;

- Cuando resulte relevante para los objetivos comerciales, desarrollar vínculos con **universidades locales**, instituciones de investigación pública, y participar en proyectos de investigación cooperativos con la industria local o asociaciones industriales.[97]

Notas para Anexo A

1. Directrices OCDE, III.1-3, VIII.2; Principio IRA-CSA 9.ii; VGGT, 12.3; Directrices Akwé: Kon, 10-11; Estándar de Desempeño CFI 1, 29; Principios de las Naciones Unidas para la Elaboración de Contratos Responsables anexados a los Principios Rectores de las Naciones Unidas y avalados por el Consejo de Derechos Humanos de las Naciones Unidas, Principio 10. Este puede asimismo avalar la implementación de la Convención Aarhus en su Artículo 5.6. La información sobre las "características de los productos" debería incluir información suficiente para permitir que los consumidores tomen decisiones informadas, incluyendo información sobre los precios, y, donde sea apropiado, contenidos, uso seguro, características ambientales, mantenimiento, almacenamiento y desecho de los productos (Directrices OCDE, VIII.2).

2. Directrices Akwé: Kon, 10-11.

3. Convención Aarhus, Artículo 5.1.c.

4. Directrices OCDE, III.1.

5. Estándar de Desempeño CFI 1, párr. 27.

6. Estándar de Desempeño CFI 7, párr. 13-17; Directrices Akwé: Kon, 29, 52-53, 60; VGGT, Principio 9.iii; Declaración de las Naciones Unidas sobre los Derechos de las Comunidades Indígenas, Artículo 10. En lo concerniente al Estándar de Desempeño CFI 1, párr. 33, donde la participación de las partes interesadas es primordialmente responsabilidad del gobierno, las empresas deben cooperar con la agencia responsable hasta el punto en que ésta lo permita. Donde la capacidad del gobierno sea limitada, deben tener un rol active durante la planeación de la participación de

los interesados, así como de la implementación y el monitoreo. Si el proceso conducido por el gobierno no cumple con los requisitos relevantes para un interés pertinente, deben llevar a cabo un proceso complementario, y, donde sea apropiado, identificar acciones adicionales.

7. VGGT, 3B.6; Estándar de Desempeño CFI 1, 30.

8. VGGT, 9.9 y 4.10; Directrices Akwé: Kon, 14-17; Principios PIAR, 1 y 4; Estándares de Desempeño CFI 1, 26-27 y 30.

9. Directrices Akwé: Kon, 17; Estándar de Desempeño CFI 1, 30-31.

10. Directrices Akwé: Kon, 7-8; Estándar de Desempeño CFI 1, 27.

11. Directrices OCDE, VI.3 y VI.67.

12. Herramientas tales como el Análisis de Alto Valor de Conservación y el de Reservas de Carbono pueden usarse. Ir a la sub-sección 8 referente a "protección ambiental y empleo sustentable de los recursos naturales", para mayor detalle sobre posibles repercusiones adversas en el medio ambiente.

13. Principio IRA-CSA 10; Directrices Akwé: Kon, 6, 37 and 48.

14. Principio IRA-CSA 10.i; Directrices Akwé: Kon, 14.

15. Estándar de Desempeño CFI 1, párr. 8 y 10.

16. Artículos 8(j) y 10 de la Convención sobre Diversidad Biológica; Tratado Internacional sobre Recursos Fitogenéticos para la Alimentación y la Agricultura, Artículo 9.2; Protocolo de Nagoya, Artículo 5; Convención de la Organización Internacional del Trabajo 169, Artículo 15.

17. Es posible encontrar una lista indicativa en el Anexo del Protocolo de Nagoya.

18. Directrices Akwé: Kon, 46.

19. Principios IRA-CSA 1.iii y 2, iv-vii; Principio PIAR 6; Declaración OIT EMN, párr. 20; Directrices Akwé: Kon, 46; Estándar de Desempeño CFI 7, párr.18-20.

20. Declaración OIT EMN, párr. 10, Principio PIAR 5.

21. Principio PIAR 6; Directrices Akwé: Kon, 46; Estándar de Desempeño CFI 7, párr.18-20.

22. Estándar de Desempeño CFI 1, párr. 35.

23. Principio Rector 31 de las Naciones Unidas, comentario.

24. Directrices OCDE, IV.46.

25. Directrices OCDE, IV.1-3.

26. Directrices OCDE, IV.37.

27. Directrices Akwé: Kon 13; Estándar de Desempeño CFI 7, párr.8.

28. Ver la sección anterior, referente a evaluaciones de impacto para mayor información.

29. Directrices OCDE, II.2 y IV.5 y 45.

30. Principios IRA-CSA 3 y 4.

31. Principio IRA-CSA 3; Convención sobre la Eliminación de Todas las Formas de Discriminación sobre la Mujer (CETFDM).

32. Principio IRA-CSA 3.iii.

33. Convención sobre la Libertad de Asociación y la Protección del Derecho a la Organización, 1948 (No. 87); Convención sobre el Derecho a la Organización y a la Negociación Colectiva, 1949 (No. 98); Convención sobre el Trabajo Forzado, 1930 (No. 29); Convención sobre la Abolición del Trabajo Forzado, 1957 (No. 105); Convención sobre la Edad Mínima, 1973 (No. 138); Convención sobre las Peores Formas de Trabajo Infantil, 1999 (No. 182); Convención sobre la Remuneración Equitativa, 1951 (No. 100); Convención sobre la Discriminación en materia de Empleo y Ocupación, 1958 (No. 111).

34. Además, el derecho a unirse y formar sindicatos está protegido por la Convención Europea de Derechos Humanos (Artículo 11). El derecho de unirse a los sindicatos está protegido por el derecho de libre asociación contenido en la Convención Americana de Derechos Humanos (Artículo 16) y la Carta Africana de Derechos Humanos y de los Pueblos (Artículo 10).

35. El Principio IRA-CSA 2 abarca derechos laborales.

36. Declaración OIT EMN 21; Directrices OCDE, V.1.e. El Comentario 54 de las Directrices OCDE especifica que el término "otros estados" en lo concerniente a las directrices se refiere a la actividad de los sindicatos de comercio y a características personales tales como edad, discapacidad, embarazo, estado civil, orientación sexual o situación de VIH. Cabe notar que la Convención sobre los Derechos de las Personas con Discapacidad prohíbe la discriminación en el empleo por razones de discapacidad.

37. Declaración OIT EMN 36; Directrices OCDE, V.1.c; Principio 2 de los Principios Empresariales y de Derechos del Niño. Los Principios Empresariales y de Derechos del Niño no crean nuevas obligaciones legales a nivel internacional. Están fundamentados en los derechos trazados en la Convención de los Derechos del Niño y sus Protocolos Opcionales. La Convención es el tratado de derechos humanos más ampliamente ratificado: 193 gobiernos la han firmado y ratificado. Estos Principios están asimismo basados en las Convenciones de la Organización Internacional del Trabajo No. 182 sobre las Peores Formas de Trabajo Infantil y No. 138 referente a Edad Mínima. Estas asimismo desarrollan con mayor detalle los estándares empresariales existentes, incluidos los "Diez Principios" del Pacto Global de Naciones Unidas y los Principios Rectores de Naciones Unidas.

38. Directrices OCDE V.1.d; Estándar de Desempeño CFI 2, párr. 13, 15, 21, 22 y 27.

39. Declaración OIT EMN, 34; Directrices OCDE, V.4.a & b.

40. Declaración OIT EMN 25.

41. Declaración OIT EMN, 26; Directrices OCDE, V.6.

42. Recomendación de la OIT sobre las Comunicaciones dentro de la Empresa, 1967 (No. 129), párr. 2.

43. Los sistemas de relaciones laborales, incluida la negociación colectiva a nivel compañía y sector, pueden cumplir una función importante en la prevención y atención de reclamaciones.

44. Estándar de Desempeño CFI 2, 14; Declaración OIT EMN, 17, 52-53.

45. Directrices OCDE, II.9, V.1-3, V.6-8; Declaración OIT EMN, 41, 44, 47, 51-56.

46. Directrices OCDE, V.4-5; Declaración OIT EMN, párr. 18.

47. Declaración OIT EMN 16-18 y 30-34.

48. Principios IRA-CSA 3.iii y 4.ii.

49. Declaración OIT EMN, 31.

50. Los siguientes países y organizaciones han avalado este enfoque: la Comisión Europea, el Departamento de Estado de los EE.UU., el Centro de Control y Prevención de Enfermedades de los EE.UU., el Banco Mundial, la OMS, la FAO, la OIE y el Sistema de las Naciones Unidas de Coordinación para la Gripe Aviar. Para mayor información, consultar la página www.onehealthglobal.net.

51. Los Comentarios Generales del Comité en Materia de Derechos Económicos, Sociales y Culturales son interpretaciones sin carácter vinculante y sin embargo autorizadas del PIDESC.

52. Comité en material de Derechos Económicos, Sociales y Culturales, Comentario General No. 14 de 2000. Aunque el PIDESC es un instrumento internacional ampliamente ratificado en el que los Estados Parte reconocen el derecho a disfrutar de los estándares más altos posibles en cuanto a salud física y mental, los derechos relacionados con ello pueden ser encontrados también en otros instrumentos incluyendo la Convención sobre los Derechos del Niño, la CETFDM, la Convención sobre la Eliminación de Todas las Formas de Discriminación Racial (CERD) y la Convención sobre los Derechos de las Personas con Discapacidad.

53. Para recomendaciones específicas en material de intereses del consumidor, ver Directrices OCDE, VIII.

54. El Estándar de Desempeño CFI 3 define como "buena práctica internacional" al "ejercicio de la habilidad profesional, diligencia, prudencia y previsión que podría razonablemente esperarse de profesionales experimentados y diestros pertenecientes al mismo tipo de empresa o en similares circunstancias a nivel regional o global. El resultado de dicho ejercicio debe ser que el proyecto emplee las tecnologías más apropiadas en las circunstancias específicas del proyecto".

55. Estándar de Desempeño CFI 4.

56. Principio PIAR 5. La Comisión del Codex Alimentarius, establecida por la FAO y la OMS en 1963, propone estándares alimenticios internacionales, directrices y códigos de prácticas para proteger la salud de los consumidores y asegurar prácticas justas en el comercio alimenticio. La Comisión asimismo propicia la coordinación entre varios estándares alimenticios desarrollados por varias organizaciones gubernamentales y no-gubernamentales. Los principios del Sistema de Análisis de Peligros y Puntos Críticos de Control forman parte del Codex. Son un enfoque preventivo de la seguridad sanitaria de los alimentos y de los riesgos biológicos, químicos y físicos en los procesos de producción que pueden provocar que el producto final no sea seguro. Diseñan medidas para reducir estos riesgos hasta un nivel seguro. Los siete principios son los siguientes: (1) llevar a cabo un análisis de riesgos; (2) identificar los puntos críticos de control; (3) establecer límites críticos (4) monitorear los puntos críticos de control; (5) establecer acciones correctivas; (6) llevar a cabo una verificación; y (7) registrar datos. El Sistema de Análisis de Peligros y Puntos Críticos de Control puede ser usado en todas las etapas de una cadena alimentaria, desde los procesos de producción y procesamiento, hasta los de empaque y distribución.

57. Por ejemplo, los esquemas reconocidos por la Iniciativa Global de Seguridad Alimentaria incluyen el Sistema de Manejo de Seguridad Alimentaria SSC 22000, los Estándares Globales BRC y los Estándares Internacionales. La Autoridad Europea de Seguridad Alimentaria asimismo proporciona estándares de seguridad alimentaria.

58. De acuerdo con la Comisión del Codex Alimentarius de 2006, la trazabilidad se define como como la capacidad de seguir el movimiento de un alimento a través de etapa(s) especificada(s) de la producción, transformación y distribución. La herramienta de trazabilidad debe tener la capacidad de identificar en cualquier etapa especificada de la cadena de suministro alimentaria de dónde proviene el alimento (un paso atrás) y hacia dónde se dirigió (un paso adelante), como resulte adecuado para los objetivos de la inspección alimentaria y sistema de certificación.

59. Los derechos relativos a la material alimentaria también se encuentran protegidos en otros instrumentos regionales e internacionales, incluida la Convención de los Derechos del Niño, la CETFDM, y la Convención de los Derechos de las Personas con Discapacidades.

60. Comentario General No. 12 del Comité de las Naciones Unidas en materia de Derechos Económicos, Sociales y Culturales (1999), párr. 6, 15 y 27.

61. Para mayor información, ver el Índice de Acceso a la Nutrición en la página www.accesstonutrition.org.

62. Principios IRA-CSA 1.i y iii, 2.iii y iv, y 8.i; 3.i y iii; VGGT, 12.4; Principio PIAR 2.

63. El CAO es el mecanismo de recurso independiente del CFI y el Organismo Multilateral de Garantía de las Inversiones (OMGI). Responde a las quejas de las comunidades afectadas por los proyectos con el objetivo de mejorar los resultados sociales y medioambientales sobre el terreno.

64. Aunque los derechos de tenencia de la tierra y otros recursos naturales no son derechos humanos, pueden tener implicaciones importantes por el goce de diversos derechos humanos y se reflejan en los estándares CER. Una excepción importante es el derecho de los pueblos indígenas a la propiedad y posesión sobre las tierras que ocupan tradicionalmente, lo cual se codifica en el Convenio 169 de la OIT y se promueve en la no vinculante pero ampliamente citada Declaración de las Naciones Unidas sobre los Derechos de los Pueblos Indígenas (ver Anexo B).

65. La reubicación involuntaria se refiere tanto al desplazamiento físico (reubicación de o pérdida de tierra) y desplazamiento económico (pérdida de recursos naturales o acceso disminuido a los recursos naturales, lo que ocasiona la pérdida del sustento) como resultado de la adquisición de la

tierra y/o restricciones sobre el uso de recursos naturales. La reubicación se considera involuntaria cuando las personas afectadas no tienen el derecho de rehusarse a la adquisición de la tierra y/o las restricciones del uso de recursos naturales (Estándar de Desempeño CFI 5).

66. VGGT, 2.4; Principio PIAR 1; Directrices Akwé: Kon 13; Estándar de Desempeño CFI 7, párr. 8.

67. Directrices Akwé: Kon 13.

68. VGGT, 12.4 and 16.1; Estándar de Desempeño CFI 5, párr. 8; Convenio de la Organización Internacional del Trabajo en materia de Derechos de las Comunidades Indígenas y Tribales, 1989 (No. 169), Artículo 16. Cabe notar que a estos estándares se refiere también en los compromisos recientes de compañías agroalimentarias de escala considerable sobre acaparamiento de tierras.

69. PIAR, 6.2.1; Estándar de Desempeño CFI 5, párr. 9-10, 19, 27-28, y Estándar de Desempeño CFI 7, párr. 9 y 14.

70. Estándar de Desempeño CFI 5, párr. 30. Adicionalmente, el párrafo 31 de este estándar requiere que las empresas preparen un plan de restauración de subsistencia/ reubicación complementario.

71. De acuerdo con la definición de la OIE reconocida por más de 170 países, el bienestar animal se refiere a qué tan bien el animal sobrelleva las condiciones en las que vive. Un animal se encuentra en buenas condiciones de bienestar si (conforme a lo que indique la evidencia científica) está saludable, cómodo, bien nutrido, seguro, capaz de expresar n comportamiento innato, y si no sufre de condiciones incómodas como dolor, miedo o estrés. Para obtener más información, puede visitar el sitio www.defra.gov.uk/fawc.

72. Las cinco libertades se reconocen en la introducción de las Recomendaciones de la OIE para el Bienestar Animal, es decir, en el Artículo 7.1.2 del Código Sanitario para los Animales Terrestres. Para obtener más información, vea las Cinco Libertades del Consejo para el Bienestar de Animales de Granja en: www.fawc.org.uk/freedoms.htm.

73. Ver http://eur-lex.europa.eu/legal-content/EN/TXT/?uri=CELEX:12012E/TXT.

74. Estos estándares incluyen: la Nota de Buena Práctica de la Corporación Financiera Internacional sobre Bienestar Animal en Operaciones Pecuarias; "Freedom Food" de la Real Sociedad para la Prevención de la Crueldad Contra los Animales; Etiqueta Roja; el Programa de Cinco Pasos de la Alianza Mundial por los Animales; así como los Estándares Orgánicos de la Asociación Británica del Suelo.

75. Organización Mundial de Salud Animal, código de Salud del Animal Terrestre 2015, Artículo 7.1.4. Estas medidas de eliminación de riesgos parecen estar de acuerdo con los criterios sustantivos de la Referencia Empresarial de Bienestar para Ganado (www.bbfaw.com).

76. Un plan de manejo de plagas debe enfocarse en la reducción del desarrollo de plagas al combinar diversas técnicas, tales como el control biológico utilizando insectos o microbios benéficos, variedades de cultivos resistentes a las plagas y prácticas agrícolas alternativas tales como la pulverización o la poda.

77. Directrices OCDE, VI.1.

78. Estándar de Desempeño CFI 1, párr. 5 y 21-22.

79. Directrices OCDE, VI.2-3.

80. Directrices OCDE, VI.1, 4-5; Estándar de Desempeño CFI 1, 5 y 21-22; Pacto Mundial de Naciones Unidas, Principios 7-8; Convención Marco de las Naciones Unidas sobre el Cambio Climático, Artículo 3.

81. Directrices OCDE, VI.1, 4, y 5; Estándar de Desempeño CFI 1, párr. 5 y 21-22.

82. Directrices OCDE, VI.2-3.

83. Estándar de Desempeño CFI 6, párr. 7; CDB, artículos 8 and 9; Principio IRA-CSA 6.ii. El estándar de Desempeño CFI 6, párr. 26, establece asimismo que "Donde sea factible, el cliente ubicará las agroindustrias y proyectos forestales en terrenos deforestados o tierras ya utilizadas". Las Propuestas de Políticas Forestales de la Comisión Internacional en material de Cambios de Uso de Suelo y Ecosistemas (octubre 2009), la Directiva de la Unión Europea en materia de Energía

Renovable No. 2009/28/EG (abril 2009), la Reglamentación sobre Madera de la Unión Europea No. 995/2010 (octubre 2010), y la Declaración en materia de Bosques de Nueva York adoptada en la Cumbre Climática 2014, se refieren a cambios de uso de suelo.

84. Principio PIAR 7. Por ejemplo, la fertilidad de la tierra puede conservarse por medio de la apropiada rotación de cultivos, distribución de abono, gestión de pastos y prácticas de labranza y mecánicas razonables.

85. El Mandato sobre el Agua de los Directores Generales [del Pacto Global de Naciones Unidas] - una iniciativa público-privada lanzada por el Secretario General de Naciones Unidas en 2007 diseñada para apoyar a las compañías en el desarrollo, implementación y difusión de políticas y prácticas de sustentabilidad referentes al agua - requiere el establecimiento de objetivos relacionados con la conservación del agua, el tratamiento de aguas residuales y la reducción en el consumo de agua. Sin embargo, el documento de resultados de la Conferencia de las Naciones Unidas sobre Desarrollo Sustentable Río +20 "El futuro que deseamos" se enfoca más bien en el incremento de la eficiencia en el uso del agua y en la reducción de fugas.

86. Principio IRA-CSA 8.iii.

87. Principio IRA-CSA 6.iii. El desecho de comida debe asimismo ser evaluado, incluyendo al medirlo. Cuando sea factible, se debe minimizar la cantidad, por ejemplo, mediante la transferencia de tecnología por parte de terceros o por medio de la concientización sobre su desperdicio y las consecuencias. Cuando no sea posible evitar esto, las cantidades enviadas a los vertederos deben ser minimizadas mediante, por ejemplo, la utilización como forraje o combustible, según sea apropiado.

88. Estándar de Desempeño CFI 3, párr.6.

89. Principio IRA-CSA 6.v.

90. Directrices OCDE, II.A.5 & 15, y VII.

91. VGGT, 6.9, 8.9, 9.12, 16.6, 17.5.

92. Para conocer más detalles sobre la forma en que los estados pueden tomar medidas eficaces para desalentar, evitar y combatir la corrupción de funcionarios públicos extranjeros en relación con transacciones comerciales internacionales, ver la Recomendación del Consejo de la OCDE para Combatir el Cohecho de Servidores Públicos Extranjeros en Transacciones Comerciales Internacionales, www.oecd.org/daf/anti-bribery/44176910.pdf.

93. Directrices OCDE, XI.1-2.

94. Directrices OCDE, X.2-3.

95. Directrices OCDE, IX.1-2; Principio IRA-CSA 7.iv.

96. Principio IRA-CSA 7.ii; Tratado Internacional en materia de Recursos Genéticos Vegetales para la Alimentación y la Agricultura, Artículo 9.3.

97. Directrices OCDE, IX.

Referencias para Anexo A

BM y CNUCYD (2014), The Practice of Responsible Investment in Larger-Scale Agricultural Investments – Implications for Corporate Performance and Impacts on Local Communities (La Práctica de Inversión Responsible en las Inversiones Agrícolas a Gran Escala- Implicaciones para el Desempeño Empresarial y las Repercusiones en las Comunidades Locales), Reporte del Banco Mundial No. 86175-GLB, Nota de Debate sobre Agricultura y Servicios Ambientales 08, Banco Mundial y Conferencia de las Naciones Unidas sobre el Comercio y el Desarrollo, Washington DC.

CAO (2013), Annual Report (Reporte Anual), Ombudsman y Asesor en Materia de Observancia para el CFI y el OMGI, Washington DC.

CAO (2008), A Guide to Designing and Implementing Grievance Mechanisms for Development Projects (Guía para el Diseño e Implementación de Procedimientos de Reclamación para Proyectos de Desarrollo), Nota de Asesoría, Ombudsman y Asesor en Materia de Observancia, Washington DC.

CE (2011), Report - *A Sectoral Approach to CSR to Tackle Societal Issues in the Food Supply Chain*, Cadena de suministro, (Reporte - Un Enfoque Sectorial sobre Responsabilidad Social Empresarial, para la Resolución de Cuestiones Sociales en la Cadena de Suministro de Alimentos), Foro de Alto Nivel para el Mejor Funcionamiento de la Cadena de Suministro de Alimentos, Plataforma de Expertos en Competitividad de la Industria Agroalimentaria, Comisión Europea, Bruselas.

CNUCYD (2009), *Transnational Corporations, Agricultural Production and Development* (Empresas Transnacionales, Producción Agrícola y Desarrollo), Informe Mundial sobre la Inversión, Conferencia de las Naciones Unidas sobre Comercio y Desarrollo, Nueva York y Ginebra.

DEFRA (2003), "Preface", in *The Code of Recommendations for the Welfare of Livestock* ("Prefacio", dentro del Código de Recomendaciones para el Bienestar del Ganado), Departamento de Medio Ambiente, Alimentación y Asuntos Rurales del Reino Unido, Londres.

FAO (2013), Trends and Impacts of Foreign Agricultural Investment in Developing Country Agriculture: Evidence from Case Studies (Tendencias y Efectos de la Inversión Extranjera en Agricultura en la Agricultura de Países en Vías de Desarrollo: Evidencia a partir de Estudios de Caso), Organización de las Naciones Unidas para la Agricultura y la Alimentación, Roma.

FAO (2011), Report of Expert Meeting on International Investment in the Agricultural Sector of Developing Countries (Informe de la Reunión de Especialistas sobre Inversión Extranjera en el Sector Agrícola de Países en Vías de Desarrollo), 22-23 de noviembre de 2011, Organización de las Naciones Unidas para la Agricultura y la Alimentación, Roma.

FAO (2010), *Principles for Responsible Agricultural Investment that Respects Rights, Livelihoods and Resources* (Principios para la Inversión Agrícola Responsible, Respetando Derechos, Medios de Subsistencia y Recursos), Nota de Debate Preparada por la Organización de las Naciones Unidas para la Agricultura y la Alimentación, el Fondo Internacional de Desarrollo Agrícola, la Conferencia de las Naciones Unidas sobre Comercio y Desarrollo y el Grupo del Banco Mundial. Organización de las Naciones Unidas para la Agricultura y la Alimentación, Roma.

CFI (2014), *Improving Animal Welfare in Livestock Operations* (Mejoras en el Bienestar Animal en Operaciones Pecuarias), Nota de Buena Práctica, Corporación Financiera Internacional, Washington DC.

CFI (2012), *IFC Performance Standards* (Estándares de Desempeño de la Corporación Financiera Internacional), Corporación Financiera Internacional, Washington DC.

CFI (2009), Addressing Grievances from Project-affected Communities - Guide for Projects and Companies Designing Grievance Mechanisms (Atención a Quejas provenientes de las Comunidades Afectadas por Proyectos - Guía de Diseño de Mecanismos de Reclamación para Proyectos y Compañías), Nota de Buena Práctica No. 7, Corporación Financiera Internacional, Washington DC.

IFPRI (2006), Occupational Health Hazards of Agriculture - Understanding the Links between Agriculture and Health (Riesgos para la Salud Relacionados con el Trabajo Agrícola - Comprender las Relaciones entre la Agricultura y la Salud), Extracto 13(8), Instituto Internacional de Investigación sobre Políticas Alimentarias, Washington DC.

McDermott, et al. (2015), *Towards the Valuation of Unregistered Land*, Paper Prepared for a Presentation at the 2015 World Bank Conference on Land and Poverty (Hacia la Valuación de Tierras no Registradas, documento preparado para una presentación en la Conferencia Mundial 2015 sobre Tierra y Pobreza), McDermott, M., Selebalo, C. y Boydell, S., Banco Mundial, Washington DC.

Munden Project (2013), Global Capital, Local Concessions: A Data-Driven Examination of Land Tenure Risk and Industrial Concessions in Emerging Market Economies (Capital Global, Concesiones Locales: Un Examen Basado en Datos sobre el Riesgo de Tenencia de la Tierra y Concesiones Industriales en Economías de Mercado Emergentes), The Munden Project Ltd.

OCDE (2011), *Líneas Directrices de la OCDE para las Empresas Multinacionales - Actualización de 2011*, Publicaciones de la OCDE, París, www.oecd.org/daf/inv/mne/MNEguidelinesESPANOL.pdf.

OCDE (2006), *OECD Risk Awareness Tool for Multinational Enterprises in Weak Governance Zones* (Herramientas de la OCDE para la Sensibilización de los Riesgos en Empresas Multinacionales dentro de Zonas de Gobernanza Débil), Publicaciones de la OCDE, París, www.oecd.org/daf/inv/corporateresponsibility/36885821.pdf.

OIT (2011a), "Unleashing rural development through productive employment and decent work: Building on 40 years of ILO work in rural areas", Paper to the Governing Body's Committee on Employment and Social Policy ("Desencadenando el desarrollo rural a través del empleo productivo y el trabajo digno: Construyendo 40 años de labores de la Organización Internacional del Trabajo en las áreas rurales", dentro del Documento presentado al Consejo de Administración referente al Empleo y las Políticas Sociales), Organización Internacional del Trabajo, Ginebra.

OIT (2011b), *Safety and Health in Agriculture, Code of Practice* (Seguridad y Salud en la Agricultura, Código de Prácticas), Organización Internacional del Trabajo, Ginebra.

OIT (2008), The Labour Principles of the United Nations Global Compact: A Guide for Business (Los Principios Laborales del Pacto Mundial de Naciones Unidas: Una Guía de Negocios), Organización Internacional del Trabajo, Ginebra.

OIT (2006), Tripartite Declaration of Principles concerning Multinational Enterprises and Social Policy (Declaración Tripartita de Principios referente a Empresas Multinacionales y Políticas Sociales), Organización Internacional del Trabajo, Ginebra.

OIT (2005), Safety and Health in Agriculture (Salud y Seguridad en la Agricultura), Organización Internacional del Trabajo, Ginebra.

ONU (2009), *Large-scale land acquisitions and leases - A set of minimum principles and measures to address the human rights challenge* (Adquisiciones o arrendamientos de tierras a gran escala - Un conjunto de principios mínimos y medidas para la atención de la problemática de derechos humanos), Relator Especial sobre el Derecho a la Alimentación de las Naciones Unidas, documento de las Naciones Unidas A/HRC/13/33/3/Add.2, www.srfood.org/images/stories/pdf/officialreports/20100305_a-hrc-13-33-add2_land-principles_en.pdf.

ONU HABITAT (2015), *Issue Papers and Policy Units of the Habitat III Conference* (Documentos Referentes y Unidades de Políticas de la III Conferencia Habitat), Conferencia de las Naciones Unidas sobre Vivienda y Desarrollo Urbano Sostenible, Nairobi.

PNUMA (2015), Bank and Investor Risk Policies on Soft Commodities, A Framework to Evaluate Deforestation and Forest Degradation Risk in the Agricultural Value Chain (Políticas de Riesgos de la Banca y los Inversores sobre Productos Básicos, un Marco para la Evaluación de la Deforestación y el Riesgo de Degradación Forestal en la Cadena del Valor Agrícola), Programa de las Naciones Unidas para el Medio Ambiente.

RSPCA (2014), *Large-scale Farming*, A Briefing Paper with an Emphasis on Dairy Farming (Cría a Gran Escala, un Resumen con Énfasis en la Producción de Lácteos), Real Sociedad para la Prevención de la Crueldad contra los Animales, Southwater.

TI (2011), "Corruption in the land sector", Working Paper 04/2011, ("Corrupción en el sector Agrario", Informe de Trabajo 04/2011), Transparencia Internacional.

Anexo B.

Involucramiento con los pueblos indígenas

Como se estableció en el modelo de política empresarial, las consultas de buena fe, eficaces y significativas con las comunidades deben realizarse antes de iniciar cualquier operación que pueda afectar las así como durante y al final de las operaciones. Además, algunos instrumentos y estándares internacionales expresan un compromiso del Estado para participar en las consultas con la finalidad de obtener el consentimiento libre, previo e informado (CLPI) de los pueblos indígenas antes de la aprobación de cualquier proyecto que afecte a sus tierras o territorios y otros recursos.[1] De acuerdo con algunos órganos de derechos humanos y pueblos indígenas, el concepto de CLPI se deriva de los derechos de los pueblos originarios de auto-gobierno, territoriales y culturales,es necesario para la realización de tales derechos. Algunos países cuentan con legislación nacional acorde con un compromiso de consultar y cooperar para obtener el CLPI.[2]

Los Principios IRA-CSA y VGGT requieren consultas significativas para obtener el CLPI de los pueblos indígenas. Además, algunas de las grandes empresas agroalimentarias y mesas redondas de productos requieren que se obtenga el CLPI en ciertas condiciones. Por ejemplo, la Mesa Redonda sobre el Aceite de Palma Sostenible (RSPO, por sus siglas en inglés) requiere el CLPI de los grupos afectados por el uso de las tierras para plantaciones de aceite de palma.[3] Las Directrices OCDE hacen referencia a los instrumentos de las Naciones Unidas sobre los derechos de los pueblos indígenas en el contexto de impactos adversos a los derechos humanos pero no incluyen ninguna referencia al CLPI.[4]

Definición de pueblos indígenas

No existe una definición única de pueblos indígenas, y los grupos indígenas no son entidades homogéneas. Sin embargo, la Organización Internacional del Trabajo (OIT), con base en su Convenio No. 169, ha caracterizado a los pueblos indígenas como un grupo social y cultural distintivo que posee las siguientes características en diferentes grados:

- Auto-identificación como miembros de un grupo cultural distinto;
- Estilos de vida tradicionales;
- Cultura y forma de vida diferentes a los de otros segmentos de la población nacional, esto es, en sus formas de obtener sustento, lenguaje, costumbres, etc.;
- Organización social propia que puede incluir costumbres y/o leyes tradicionales.[5]

La auto-identificación como indígenas debe considerarse como un criterio fundamental para la determinación de los pueblos indígenas.[6]

Los pueblos indígenas podrían experimentar impactos adversos de forma diferente o más severa que otros grupos de actores interesados, debido a su relación con la tierra que con frecuencia juega un papel importante en las prácticas sociales, culturales y religiosas, su cultura y su condición socio-económica. Con frecuencia, se encuentran entre los segmentos más marginados y vulnerables de la población. Pueden enfrentar discriminación y experimentar altos niveles de pobreza, por lo que son más vulnerables y menos resistentes a los impactos adversos. Sin menoscabo del marco legal en el que se presente una operación, usualmente tienen derechos consuetudinarios o tradicionales basados en su relación con la tierra, su cultura y condición socio-económica:

- **Tierra**: Los pueblos indígenas usualmente tienen una conexión especial y/o derechos consuetudinarios con las tierras ancestrales. Esta relación con la tierra es una característica distintiva de los pueblos indígenas y por tanto los impactos relativos a la tierra tales como un acceso reducido o la pérdida de dicho acceso a la tierra, o la degradación ambiental, pueden afectar a los pueblos indígenas, su medio de subsistencia y cultura, de forma más grave que a otros grupos de actores no indígenas. Además, los derechos consuetudinarios de los pueblos indígenas sobre la tierra podrían no estar reconocidos en la legislación nacional. Las consultas deben explorar el valor intangible asociado con sitios sagrados o zonas de relevancia cultural.

- **Cultura**: Los pueblos indígenas pueden tener valores y características culturales únicos que deben ser considerados y respetados al involucrarse con ellos. Por ejemplo, los asuntos de privacidad pueden ser de particular importancia para los pueblos indígenas, es decir, debido a un legado de discriminación o marginación social o cultural, o sensibilidad derivada de una falta de contacto con las culturas predominantes. En dichos casos, las prácticas de involucramiento adecuadas pueden incluir la búsqueda del consentimiento al registrar información sobre rituales, ceremonias y ritos de iniciación para asegurar que no se altere la vida cultural. Esto es especialmente importante cuando las operaciones produzcan una reubicación y/o desplazamiento. Dado que la forma de vida tradicional de los pueblos indígenas con frecuencia está íntimamente vinculada con un territorio específico, la reubicación puede generar una pérdida de redes sociales, erosión cultural y pérdida de lenguaje e identidad distintiva. El empleo en actividades empresariales a gran escala podría también ser visto por algunos pueblos indígenas como un detrimento a las actividades tradicionales. La introducción de una economía monetaria podría no ser compatible con las relaciones de intercambio previamente existentes. La participación de los pueblos indígenas puede identificar maneras de mitigar estos impactos y reflejar sus aspiraciones y prioridades.

- **Condición socio-económica**: En muchas partes del mundo, los pueblos indígenas se encuentran entre los segmentos más marginados y vulnerables de la población. Con frecuencia, enfrentan discriminación y experimentan altos niveles de pobreza y desventaja social. Usualmente están menos informados y tienen menor capacidad de defender sus derechos y patrimonio cultural, esto significa que pueden ser menos resistentes a los impactos adversos y más vulnerables a las consecuencias graves económicas y sociales. Es posible que hablen dialectos únicos o dependan de la tradición oral para comunicar información lo cual puede generar dificultades para transmitir la información eficientemente, y puede requerir métodos innovadores de consulta y participación. Adicionalmente es importante considerar que las reclamaciones históricas pueden existir y podrían complicar las actividades.

Los grupos indígenas se componen de individuos que experimentan impactos adversos de forma diferente e incluyen grupos más vulnerables como las mujeres y los niños, con quienes se debe considerar una atención especial durante el proceso de involucramiento.

Implementación del CLPI

Las empresas deben cumplir siempre con la legislación y normas nacionales así como respetar los derechos humanos universalmente reconocidos.[7] Independientemente de los requisitos regulatorios u operativos y a lo largo de la planeación de su proyecto, deben anticipar que los pueblos indígenas pueden esperar ser consultados en busca de su CLPI y que se pueden generar riesgos si dichas expectativas no se cumplen. En los países donde el CLPI no se encuentra exigido, las empresas deben considerar las expectativas locales, los riesgos potenciales para los pueblos indígenas[8] y las operaciones como resultado de la oposición local. Deben buscar una estrategia de participación que cumpla con las expectativas legítimas de los pueblos indígenas en la medida que no violen la legislación local.

En este sentido, los siguientes pasos clave podrían ser útiles para involucrarse con los pueblos indígenas al buscar la implementación del CLPI:

- Acordar con los pueblos indígenas afectados un proceso de consulta para trabajar hacia la búsqueda del CLPI. Esto debe identificar las actividades específicas actuales y futuras en que debe buscarse el consentimiento.[9] En algunos casos podría resultar adecuado comprometerse a este proceso por medio de un acuerdo formal o legal.[10] El proceso debe estar siempre basado en una negociación de buena fe libre de coerción, intimidación o manipulación;

- Consultar o acordar acerca de lo que constituye un consentimiento adecuado para los pueblos indígenas afectados de acuerdo con sus instituciones de gobierno, leyes y prácticas consuetudinarias, esto es, si es por voto de la mayoría de los miembros de la comunidad o por aprobación del consejo de ancianos. Los pueblos indígenas deben tener la capacidad de participar a través de sus representantes libremente elegidos e instituciones acostumbradas o de otro tipo;

- Participar en el proceso de búsqueda del consentimiento tan pronto como sea posible durante la planeación del proyecto, antes de que las actividades para las que se busca el consentimiento den inicio o sean autorizadas;

- Reconocer el proceso de búsqueda del CLPI como reiterativo en vez de ser una discusión única. El diálogo continuo con la comunidad local llevará a una relación de confianza y a un acuerdo equilibrado que beneficiará la inversión a lo largo de todas las etapas del proyecto;

- Proporcionar a las comunidades indígenas toda la información relativa a la actividad de forma que sea oportuna, objetiva, precisa y comprensible para ellas;

- Documentar los compromisos/acuerdos que se hayan alcanzado, incluyendo, como sea pertinente, la especificación de para qué actividades se ha otorgado o negado el consentimiento, cualesquier condiciones para el consentimiento, y las áreas de negociación continua y compartir dicha información con las comunidades indígenas en una forma y lenguaje que puedan entender y de forma oportuna;

- Determinar qué acción(es) se llevarán a cabo en caso de que: a) los pueblos indígenas se nieguen a participar en las negociaciones; y, b) los pueblos indígenas no otorguen su consentimiento para las actividades dentro de su territorio.

Responder a la falta de consentimiento o negativa a participar

Cuando una comunidad indígena no otorgue su consentimiento, la empresa debe consultar con la comunidad para conocer y entender las razones que motivaron esa falta de consentimiento y si se pueden atender o ajustar las inquietudes presentes. El consentimiento otorgado previamente de forma libre, previa e informada no debe ser retirado de manera arbitraria.

En los casos en que el consentimiento no se haya logrado o en que los pueblos indígenas se rehúsen a participar, se pueden generar riesgos materiales para la empresa e impactos adversos para los pueblos indígenas. En las situaciones en que seguir adelante con los proyectos pueda ocasionar impactos adversos para los pueblos indígenas, una empresa debe aplicar los pasos necesarios para evitar o evitar dichos impactos.[11]

Si, a través de la debida diligencia,[12] una empresa concluye que se requiere el consentimiento para continuar con una actividad, y el proceso acordado no ha llegado al consentimiento, las actividades no deberán continuar a menos que se espere el otorgamiento del CLPI. Por ejemplo, un proyecto financiado por el CFI no debe proseguir, sin importar las autorizaciones del estado, si se requiere la reubicación de poblaciones indígenas y no se ha obtenido el CLPI por parte de ellas.

Extractos de instrumentos y estándares existentes

Estándar	Texto relacionado con el CLPI
Declaración de las Naciones Unidas sobre los Derechos de los Pueblos Indígenas * (DNUDPI)	*Los pueblos indígenas no serán desplazados sin el CLPI de los pueblos indígenas afectados (Artículo 10).* *Los estados deben proporcionar la reparación por medio de mecanismos efectivos, que pueden incluir la restitución, desarrollados en conjunto con los pueblos indígenas, con respecto a su propiedad cultural, intelectual, religiosa y espiritual que haya sido tomada sin su CLPI o en violación de sus leyes, tradiciones y costumbres (Artículo 11).* *Los estados deben consultar y colaborar de buena fe con los pueblos indígenas interesados por conducto de sus propias instituciones representativas a fin de obtener su CLPI antes de aprobar cualquier proyecto que afecte a sus tierras o territorios y otros recursos, particularmente en relación con el desarrollo, la utilización o la explotación de recursos minerales, hídricos o de otro tipo (Artículo 32).* Se incluyen referencias adicionales al CLPI en los Artículos 19, 29 y 30.
Convenio No. 169 de la OIT sobre Pueblos Indígenas y Tribales **	*Cuando excepcionalmente el traslado y la reubicación de esos pueblos se consideren necesarios, sólo deberán efectuarse con su consentimiento, dado libremente y con pleno conocimiento de causa. Cuando no pueda obtenerse su consentimiento, el traslado y la reubicación sólo deberán tener lugar al término de procedimientos adecuados establecidos por la legislación nacional, incluidas encuestas públicas, cuando haya lugar, en que los pueblos interesados tengan la posibilidad de estar efectivamente representados* *(Artículo 16).*
Principios IRA-CSA	*La inversión responsable en la agricultura y los sistemas alimentarios debe… incorporar estructuras de gobernanza, procesos, métodos de toma de decisiones… a través de… consulta efectiva y significativa con los pueblos indígenas, a través de sus instituciones representativas, a fin de obtener su CLPI con arreglo a la Declaración de las Naciones Unidas sobre los derechos de los pueblos indígenas y teniendo debidamente en cuenta las posiciones y el entendimiento particulares de cada Estado (Principio 9).*

Estándar	Texto relacionado con el CLPI
VGGT	*Los Estados y otras partes deberían llevar a cabo consultas de buena fe con los pueblos indígenas antes de iniciar cualquier proyecto o antes de adoptar y aplicar medidas legislativas o administrativas que pudieran afectar a los recursos sobre los que las comunidades posean derechos. Los proyectos deberían basarse en una consulta efectiva y significativa con los pueblos indígenas, a través de sus propias instituciones representativas, a fin de obtener su consentimiento libre, previo e informado con arreglo a la Declaración de las Naciones Unidas sobre los derechos de los pueblos indígenas y teniendo en cuenta las posiciones y opiniones particulares de cada Estado (Párrafo 9.9).* *En el caso de los pueblos indígenas y sus comunidades, los Estados deberían garantizar que todas las acciones sean coherentes con sus obligaciones al amparo del derecho nacional e internacional, teniendo debidamente en cuenta los compromisos voluntariamente asumidos en virtud de los instrumentos regionales e internacionales aplicables, incluidos, en su caso, el Convenio (n.º 169) sobre Pueblos Indígenas y Tribales en Países Independientes de la Organización Internacional del Trabajo y la Declaración de las Naciones Unidas sobre los derechos de los pueblos indígenas (Párrafo 12.7).*
Directrices Akwé: Kon	*En la realización de las evaluaciones de impacto cultural, debe prestarse la debida atención a los titulares de los conocimientos tradicionales así como a los mismos conocimientos… En el caso de divulgación de conocimientos secretos o sagrados, deben asegurarse el consentimiento fundamentado previo y las medidas de protección adecuadas (Párrafo 29).* *En la realización de una evaluación de impacto para un desarrollo propuesto que haya de emprenderse o que pueda probablemente repercutir en lugares sagrados o en territorios ocupados o utilizados por comunidades indígenas y locales han de tenerse en cuenta las siguientes consideraciones generales:* *El consentimiento fundamentado previo de las comunidades indígenas y locales afectadas: En donde el régimen legal nacional requiera el consentimiento fundamentado previo de las comunidades indígenas y locales, en el proceso de evaluación debe considerarse si se obtuvo tal consentimiento. En el consentimiento fundamentado previo correspondiente a las diversas fases del proceso de evaluación de impactos deberían considerarse los derechos, conocimientos, innovaciones y prácticas de las comunidades indígenas y locales; el uso de los idiomas y procesos adecuados; la asignación de tiempo suficiente y el suministro de información precisa, factual, y legalmente correcta. Las modificaciones de la propuesta de desarrollo inicial requerirán un nuevo consentimiento fundamentado previo de las comunidades indígenas y locales afectadas (Párrafo 53).* *Propiedad, protección y control de los conocimientos tradicionales y de las tecnologías utilizados en los procesos de evaluación de impactos culturales, ambientales y sociales… Tales conocimientos deberían solamente utilizarse con el consentimiento fundamentado previo de los propietarios de los conocimientos tradicionales (Párrafo 60).*

Estándar	Texto relacionado con el CLPI
Estándares de Desempeño CFI	*No existe una definición universalmente aceptada del CLPI (…). El concepto utiliza y amplía el proceso de consultas y participación informada descrito en el Estándar de Desempeño 1 y será establecido mediante negociaciones de buena fe entre el cliente y las comunidades afectadas de pueblos indígenas. El cliente documentará: (i) el proceso acordado mutuamente por el cliente y las comunidades afectadas de pueblos indígenas, y (ii) la evidencia del acuerdo entre las partes como resultado de las negociaciones. El CLPI no requiere necesariamente unanimidad, y puede lograrse incluso si existen personas o grupos dentro de la comunidad que están explícitamente en desacuerdo.* *Las comunidades afectadas de pueblos indígenas pueden ser especialmente vulnerables a la pérdida, enajenación o explotación de su tierra y el acceso a los recursos naturales y culturales. En función de esa vulnerabilidad, el cliente obtendrá el consentimiento previo, libre e informado de las comunidades afectadas de pueblos indígenas en las siguientes circunstancias:* *Impactos sobre las tierras y recursos naturales sujetos a propiedad tradicional o de uso consuetudinario;* *Reubicación de pueblos indígenas fuera de sus tierras y recursos naturales sujetos al régimen de propiedad tradicional o bajo uso consuetudinario: El cliente considerará diseños alternativos factibles del proyecto a fin de evitar la reubicación de pueblos indígenas fuera de sus tierras y recursos naturales comunales sujetos a propiedad tradicional o bajo uso consuetudinario. Cuando dicho traslado sea inevitable, el cliente no seguirá adelante con el proyecto a menos que se haya obtenido un CLPI;* *Patrimonio cultural crítico: Si no se pudieran evitar los impactos significativos del proyecto en el patrimonio cultural crítico, el cliente obtendrá el CLPI de las comunidades afectadas de pueblos indígenas. Cuando un proyecto se proponga utilizar con fines comerciales el patrimonio cultural, incluidos conocimientos, innovaciones o prácticas de los pueblos indígenas, el cliente… obtendrá el CLPI de las comunidades afectadas de pueblos indígenas.*

* La Declaración de 2007 es un documento no vinculante legalmente que ha sido adoptado por la Asamblea General de las naciones Unidas con 143 países a favor, 4 en contra y 11 abstenciones. Representa su intención política.

** Este Convenio de 1989 es vinculante en los 22 países que lo han ratificado. Su adopción dentro de la OIT representa un consenso entre los mandantes tripartitos de la OIT en cuanto a los derechos de los pueblos indígenas y tribales y las responsabilidades de los gobiernos de proteger estos derechos. Los fundamentos del Convenio son: el respeto a las culturas y forma de vida de los pueblos indígenas, el reconocimiento de su derecho a la tierra y a los recursos naturales, y su derecho a definir sus prioridades para el desarrollo. Sus principios clave son la consulta y la participación.

Para obtener más indicaciones sobre el CLPI:

Banco Mundial (2005), Política Operacional 4.10: Pueblos Indígenas. Washington, DC.

FAO (2014), Respeto del consentimiento libre, previo e informado - Orientaciones prácticas para gobiernos, empresas, ONG, pueblos indígenas y comunidades locales en relación con la adquisición de tierras, Guía técnica sobre la gobernanza de la tenencia 3, available at www.fao.org/3/a-i3496s.pdf.

Foley-Hoag (2010), Implementing a corporate free, prior, and informed consent policy: benefits and challenges ww.foleyhoag.com/publications/ebooks-and-white-papers/2010/may/implementing-a-corporate-free-prior-and-informed-consent-policyLehr, A. y Smith, G.

Foro Permanente de las Naciones Unidas para las Cuestiones Indígenas (UNPFII) (2005), Informe del Seminario internacional sobre metodologías relativas al consentimiento libre, previo e informado y los pueblos indígenas. Documento E/C.19/2005/3, remitido a la Cuarta sesión del UNPFII, 16-17 de mayo.

Mecanismo de Expertos sobre los Derechos de los Pueblos Indígenas (2011), Recomendación No. 2 del Mecanismo de Expertos: los pueblos indígenas y su derecho a participar en la toma de decisiones. Ginebra.

OCDE (2016), Guía OCDE de Debida Diligencia para la Participación Significativa de las Partes Interesadas en el Sector de Extracción.

OIT (2013), Comprender el Convenio sobre pueblos indígenas y tribales, 1989 (No. 169). Manual para los Mandantes Tripartitos de la OIT, Departamento de Normas Internacionales del Trabajo, Organización Internacional del Trabajo, Ginebra.

Oxfam Australia (2005), Guide to free, prior and informed consent (Guía para el consentimiento libre, previo e informado), por Hill, C., Lillywhite, S. y Simon, S., Carlton, Victoria, Australia.

RSB (2011), RSB guidelines for land rights: respecting rights, identifying risks, avoiding and resolving disputes and acquiring lands through free, prior and informed consent (Directrices de la RSB sobre derechos de la tierra: respetar los derechos, identificar riesgos, evitar y resolver las controversias y adquirir tierras por medio del consentimiento libre, previo e informado), Mesa Redonda sobre Biocombustibles Sostenibles, Ginebra.

Notas para Anexo B

1. Los instrumentos internacionales relativos a los pueblos indígenas son la Declaración de Naciones Unidas sobre los Derechos de los Pueblos Indígenas (DNUDPI) y el Convenio No. 169 de la OIT. La DNUDPI recomienda que los estados consulten y cooperen con los pueblos indígenas involucrados con el objeto de obtener su CLPI en una gran cantidad de situaciones, incluyendo para proyectos que afectan su tierra y territorios u otros recursos (Artículos 19 y 32). El Convenio No. 169 de la OIT, el cual es legalmente vinculante para los países que lo han ratificado, exige que los estados parte consulten a los pueblos indígenas con el propósito de alcanzar acuerdos o consentimiento sobre las medidas propuestas (Artículo 6). Para conocer más información sobre las disposiciones del Convenio relativas al consentimiento, ver Manual de la OIT para los Mandantes Tripartitos de la OIT - Comprender el Convenio sobre pueblos indígenas y tribales, 1989 (No. 169) (2013). Otros órganos de Naciones Unidas señalan que los estándares internacionales relativos al CLPI se aplican igualmente a otros actores no estatales. Estos órganos incluyen el Foro Permanente de las Naciones Unidas para las Cuestiones Indígenas, el Grupo de Trabajo de Naciones Unidas sobre la cuestión de los derechos humanos y las corporaciones transnacionales y otras empresas, el Relator Especial sobre los Derechos de los Pueblos Indígenas, y diversos Órganos de Naciones Unidas relativos a los Tratados de Derechos Humanos.

2. FAO, Respeto del consentimiento libre, previo e informado - Orientaciones prácticas para gobiernos, empresas, ONG, pueblos indígenas y comunidades locales en relación con la adquisición de tierras (2014), p. 7, www.fao.org/3/a-i3496s.pdf.

3. Los "Principios y criterios para la producción de aceite de palma sostenible" adoptados por el Consejo Ejecutivo de la Mesa Redonda sobre el Aceite de Palma Sostenible (RSPO) y aceptados en la Asamblea General Extraordinaria por los miembros de la RSPO el 25 de abril de 2013 establecen que

el uso de las tierras para el aceite de palma no disminuye los derechos legales, consuetudinarios o los derechos de uso de otros usuarios sin su consentimiento libre, previo e informado (Principio 2.3). Como un indicador, debe haber copias disponibles de los acuerdos negociados que detallen el proceso del CLPI e incluir: a) Evidencia de que se ha desarrollado un plan por medio de consultas y discusión con todos los grupos afectados en las comunidades, y que dicha información se ha proporcionado a todos los grupos afectados, incluyendo la información sobre los pasos a seguir para involucrarlos en la toma de decisiones; b) Evidencia de que la empresa ha respetado las decisiones de las comunidades sobre otorgar o no su consentimiento para la operación en el momento en que se tomó la decisión; c) Evidencia de que las implicaciones legales, económicas, ambientales y sociales de permitir las operaciones sobre si tierra han sido entendidas y aceptadas por parte de las comunidades afectadas, incluyendo las implicaciones de la situación legal de su tierra al finalizar la vigencia del título, concesión o arrendamiento de la empresa sobre la tierra.

4. Ver Directrices OCDE, IV.40: "[...] las empresas deben respetar los derechos humanos de las personas que pertenecen a categorías específicas o poblaciones que merecen una atención particular, cuando puedan tener un impacto negativo sobre estos derechos. En este contexto, los instrumentos de Naciones Unidas han precisado los derechos de los pueblos indígenas [...]".

5. El Convenio No. 169 de la OIT establece las siguientes definiciones de pueblos indígenas y tribales. Pueblos tribales: sus condiciones sociales, culturales y económicas les distinguen de otros sectores de la colectividad nacional, y están regidos total o parcialmente por sus propias costumbres o tradiciones o por una legislación especial. Pueblos indígenas: son considerados indígenas por el hecho de descender de poblaciones que habitaban en el país o en una región geográfica a la que pertenece el país en la época de la conquista o la colonización o del establecimiento de las actuales fronteras estatales y que, cualquiera que sea su situación jurídica, conservan todas sus propias instituciones sociales, económicas, culturales y políticas, o parte de ellas.

6. Ver Convenio No. 169 de la OIT, Artículo 1.2.

7. Directrices OCDE, I.2 y IV.1.

8. Los siguientes recursos brindan detalles sobre las expectativas de las comunidades en relación con el CLPI: Guide to Free Prior and Informed Consent https://www.oxfam.org.au/explore/mining/free-prior-and-informed-consent/ (Guía para el consentimiento libre, previo e informado), Oxfam Australia.

(2014); Making Free Prior and Informed Consent a Reality: Indigenous Peoples and the Extractive Industries (Hacer del Consentimiento Libre, Previo e Informado una Realidad: Los Pueblos Indígenas y las Industrias de la Extracción), Doyle C. y Carino J., Middlesex University, PIPLinks & ECCR (2013). http://www.ecojesuit.com/wp-content/uploads/2014/09/Making-FPIC-a-Reality-Report.pdf.

9. Los instrumentos internacionales referidos en la tabla a continuación especifican las circunstancias en que el CLPI es relevante, por ejemplo en los casos en que se requiere una reubicación.

10. Se ha sugerido que el CLPI puede ser entendido como una forma mejorada y más formalizada para la participación de la comunidad. Como resultado de ello, en ciertos casos las empresas pueden estar motivadas a participar en un proceso de consulta más formal cuando desarrollan un proyecto en o cerca de un territorio indígena que pueda tener impactos adversos significativos. Ver Lehr & Smith, Implementing a Corporate Free Prior Informed Consent Policy www.foleyhoag.com/publications/ebooks-and-white-papers/2010/may/implementing-a-corporate-free-prior-and-informed-consent-policy (Implementar una política corporativa de consentimiento libre, previo e informado), Foley Hoag, 2010, p. 8. El Instituto de Recursos Mundiales aconseja a las empresas que intentan superar los desafíos de la aplicación de los procedimientos de CLPI por medio del reconocimiento legal del proceso – por ejemplo, acuerdo formal, en combinación con otras buenas prácticas de participación de los actores interesados. Ver Instituto de Recursos Mundiales, Development without Conflict: The Business Case for Community Consent (Desarrollo sin Conflicto: El Caso de negocios del Consentimiento de la Comunidad) (2007) http://webcache.googleusercontent.com/search?q=cache:KBxXOS9628IJ:pdf.wri.org/development_without_conflict_fpic.pdf+&cd=1&hl=en&ct=clnk&gl=fr.

11. Directrices OCDE, II.B.18-19 y IV.40 & 42.

12. Debe buscarse la experiencia legal para aclarar las obligaciones legales relativas al involucramiento con los pueblos indígenas.

ÉDITIONS OCDE, 2, rue André-Pascal, 75775 PARÍS CEDEX 16
(20 2016 01 4 P) ISBN 978-92-64-26134-1 – 2017

* 9 7 8 9 2 6 4 2 6 1 3 4 1 *